酒店/民宿
场景化营销实战

彭占利/著

中华工商联合出版社

图书在版编目（CIP）数据

酒店/民宿场景化营销实战 / 彭占利著. -- 北京：中华工商联合出版社, 2023.6
ISBN 978-7-5158-3676-8

Ⅰ. ①酒… Ⅱ. ①彭… Ⅲ. ①饭店－市场营销学 Ⅳ. ①F719.2

中国国家版本馆CIP数据核字（2023）第076701号

酒店/民宿场景化营销实战

作　　者：	彭占利
出 品 人：	刘　刚
责任编辑：	于建廷　效慧辉
装帧设计：	周　源
责任审读：	傅德华
责任印制：	陈德松
出版发行：	中华工商联合出版社有限责任公司
印　　刷：	三河市宏盛印务有限公司
版　　次：	2023年8月第1版
印　　次：	2024年7月第3次印刷
开　　本：	710mm×1000 mm　1/16
字　　数：	230千字
印　　张：	16.25
书　　号：	ISBN 978-7-5158-3676-8
定　　价：	78.00元

服务热线：010-58301130-0（前台）
销售热线：010-58301132（发行部）
　　　　　010-58302977（网络部）
　　　　　010-58302837（馆配部）
　　　　　010-58302813（团购部）
地址邮编：北京市西城区西环广场A座
　　　　　19-20层，100044
　　　　　http://www.chgslcbs.cn
投稿热线：010-58302907（总编室）
投稿邮箱：1621239583@qq.com

工商联版图书
版权所有　盗版必究

凡本社图书出现印装质量问题，
请与印务部联系。
联系电话：010-58302915

目 录

第一章　酒店如何做好定位 // 001

1. 酒店行业市场机会有哪些 // 003
2. 酒店如何做好差异化竞争 // 006
3. 核心竞争优势要考虑哪些要素 // 008
4. 在营酒店如何才能做好市场分析 // 011
5. 在营酒店如何做再定位 // 014
6. 新酒店项目如何做好定位 // 018
7. 新酒店立项如何做市场分析 // 023
8. 投资酒店是加盟品牌还是自己做 // 026

【案例】九如山沉浸式项目火爆"出圈" // 028

第二章　酒店营销打法 // 035

1. 如何理解酒店营销 // 037
2. 如何做好营销部门的定位 // 038
3. 如何制定酒店营销计划 // 039
4. 如何应对本商圈酒店的价格战 // 041
5. 如何应对周边新开业酒店的竞争 // 043
6. 商务型酒店如何提高周末出租率 // 047

7. 位置不好的酒店如何有效引流 // 049

8. 酒店如何解决"价格倒挂"的问题 // 051

9. 酒店长住客开发策略与方法有哪些 // 054

10. 酒店全年促销都有哪些时间节点和主题 // 055

11. 如何避免酒店营销人员带走客户 // 058

【案例】"年货节"全员营销活动实施方案 // 060

第三章　携程渠道营销策略 // 063

1. 如何提升曝光量 // 065

2. 如何提升浏览量 // 067

3. 如何提升点击率 // 069

4. 如何提升转化率 // 071

5. 如何才能赢得更多的好评 // 073

6. 如何做好差评回复 // 075

7. 常用回复评价语句或话术都有哪些 // 076

8. 参加优享会的利弊 // 080

9. 如何才能做好低价房引流 // 082

10. 携程挂牌的规则都有哪些 // 083

11. 如何利用好携程的标签 // 085

12. 如何做好携程直播 // 088

第四章　美团与飞猪渠道营销策略 // 095

1. 如何做好酒店的排序 // 097

2. 如何提升酒店 HOS 指数 // 099

3. 参加哪些主要促销活动可以提升销量 // 101

4. 如何通过优化 MCI 提升酒店流量 // 104

5. 如何通过文字信息优化提升转化率 // 108

6. 如何做好图片优化提升转化率 // 112

【案例】26天把美团点评从4.3分做到5.0分的步骤和方法 // 115

第五章　协议公司客户营销 // 119

1. 协议公司客户信息如何获取 // 121

2. 拜访前应该做哪些准备 // 122

3. 如何回答订房人提出的异议 // 123

4. 签订协议要注意什么 // 125

5. 如何处理价格异议 // 126

6. 如何促进协议公司客户下单 // 128

7. 客户开发都有哪些被忽略的机会 // 130

8. 二次开发策略和方法有哪些 // 131

9. 维护协议公司客户有哪些有效方法 // 133

第六章　新市场开发与新媒体营销 // 137

1. 酒店会议市场开发方法有哪些 // 139

2. 酒店婚宴市场开发策略和方法有哪些 // 141

3. 如何把握酒店的机会型市场 // 143

4. 酒店如何才能用好微信营销 // 145

5. 酒店用好抖音的关键点有哪些 // 147

6. 酒店如何在小红书上做好引流 // 151

7. 如何做好B站评论提升UP主影响力 // 155

【案例】用抖音一个月实现120万元营收 // 158

第七章　酒店如何做好会员管理 // 163

1. 做会员都有哪些误区 // 165

2. 会员系统包含哪些内容 // 166

3. 会员系统是如何运行的 // 169

4. 会员等级和晋级条件如何设计 // 170

5. 会员权益内容都有哪些 // 172

6. 会员卡如何设计 // 174

7. 会员储值如何设计 // 175

8. 会员标签如何设计 // 177

9. 会员积分商城如何设计 // 180

10. 如何才能做好分工和激励 // 182

11. 会员转化时应该注意哪些事项 // 185

12. 会员转化策略和方法有哪些 // 187

13. 如何添加和应用酒店会员标签 // 190

14. 会员发展方法有哪些 // 192

15. 如何才能做好会员营销 // 193

第八章　如何提升酒店复购率 // 197

1. 如何理解酒店复购率 // 199

2. 如何通过客人满意度提升复购率 // 201

3. 如何通过客人期望值管理提升复购率 // 204

4. 如何通过促销提升客人的复购率 // 206

5. 如何通过利益驱动提升客人复购率 // 209

6. 新客人和老客户复购率提升方法有何不同 // 211

7. 不同渠道客人如何提升复购率 // 213

8. 如何通过"惯着客人"提升复购率 // 216

第九章　如何做好酒店客户管理 // 219

1. 酒店客户管理内容有哪些 // 221

2. 如何做好OTA客户管理 // 224

3. 协议公司客户如何管理 // 227

4. 如何看待和处理客户流失 // 230

5. 如何做好客户忠诚管理 // 233

第十章　酒店营销管理机制 // 239

1. 如何解决老营销干活少提成多的问题 // 241

2. 酒店营销部门绩效考核如何做 // 243

3. 酒店营销部门提成如何设计 // 246

第一章

酒店如何做好定位

酒店营销战略既要符合营销发展趋势，又要符合酒店行业属性，其内容既有广度也有深度。从酒店实践的维度看，营销战略决定了酒店生和死、盛与衰。由于酒店市场竞争越来越激烈，酒店营销不仅重要还很紧迫。

当酒店营销战略正确战术也正确时，酒店可以运筹帷幄决胜千里；当营销战略正确战术错误时，酒店会问题不断险象环生；当营销战略错误战术错误时，酒店会步履艰难缓慢死亡；当营销战略错误战术正确时，酒店会陷入绝境快速死亡。

1. 酒店行业市场机会有哪些

> 应用场景：投资酒店或重新装修酒店

由于疫情的原因从2020年开始酒店的扩张速度有所减缓，但酒店市场供大于求的现状仍没有改观。大连锁品牌、跨界者和资本还在驱动酒店行业规模扩张，加剧了酒店行业的内卷。

那么，现在和未来酒店行业有没有更好的发展机会呢？先看如下三个案例：

案例一：青岛酒店式公寓

2021年4月21日上午，笔者在青岛与一位95后创业者有过一次交流，年轻人经营了四家酒店式公寓，均不到100间客房的规模，2021年第一季度平均出租率100%左右。发展定位只做酒店式公寓，竞争对手是升级后的经济性酒店。

案例二：遵义商务休闲酒店

2021年6月，笔者在贵州遵义参加一场酒店行业论坛，期间遇到一位85

后跨界的创业者，开了两家商务休闲酒店，酒店规模在100间客房左右，平均出租率在110%左右。通过了解酒店的客源结构是以本地年轻人为主，酒店区域定位在三线和四线城市。

案例三：重庆周边小规模酒店

2021年10月，笔者在昆明·春城之星酒店举办了一场以《酒店经营制胜5部曲》为主题的两天一夜的培训，课间与一位酒店创业者进行了一对一的交流。当时我们探讨了几个酒店经营实操层面的问题，在交流时了解其投资的三家小体量酒店有一个共同的特征，位置都在重庆城乡接合部，客房规模在40～60间。第一家酒店不到两年收回投资，第二家酒店两年半年左右收回投资，第三家酒店由于疫情影响预计需要三年半左右的时间收回投资。

酒店行业市场机会有哪些呢？有如下三种机会供参考：

机会一：低端切入

像第二个案例一样，市场下沉是一种机会，尤其是江浙地区、广东发达地区的下沉市场都有这样的机会。

需要说明一点，低端切入并不是酒店的档次低价格低。比如：宁波下面的泗门镇有一家以客房为主、餐饮为辅的酒店，餐饮客单价可以做到350元，客房平均房价也可以做到380～500元。

低端切入并不一定都在下沉市场，有时候大城市也有机会。

为什么低端切入有机会呢？

因为当企业发展到一定规模后都会追求高利润，规模小、利润低的市场慢慢就会放弃，这部分市场就会出现机会。另外，当企业具备一定资源和能力后，做高端也是必然趋势，这样的企业再也无心在"瘦狗业务"上努力耕耘了，酒店行业也是一样的发展思路。

机会二：功能过度

酒店行业投资回报率时间越来越长，从2年到现在的5年左右，如果是星级酒店，20～30年投资回报周期也很正常。

从2022年开始，酒店行业创新势在必行，因为按照以往的做法越来越难赚到钱了，投资酒店如何实现较好的投资回报率，需要在定位、产品和商业模式方面持续创新，减少功能过度的"浪费"。

比如：现在的物业成本不断增加，人工成本不断增加，如果做酒店还是"过度"投资，缺少准确的市场分析和定位，酒店硬件和产品投资过重，当产品溢价无法实现时，市场出现波动，这样酒店就会亏损。

所以，当市场出现大量的性能过度酒店时，对于投资者是一个较好的进入机会。

机会三：细分垂直

从客人视角看酒店产品，目前80%的酒店是"标准化+流行"的产品，这样的产品比较符合80/20法则。小批量、多品种的细分垂直市场会有机会。

比如：医院附近的酒店，其客人属性不是以商务客人和旅游客人为主，如果不从细分市场设计酒店产品，看病和陪护的客人体验就不好，因为商务客人和看病的客人对产品需求是不同的。

昆明·春城之星酒店斜对面是昆明最好的三甲医院——云大第一附属医院，看病和陪护的客人占比70%左右。笔者在帮助梳理优化产品时，只拿两层作商务客房，其他五个楼层客房全部按照看病和陪护客人需求优化和调整，以满足这部分客人差异化的需求。

如果春城之星酒店以后规模化发展，在定位时只做医院附近的酒店，打造出符合患者及家属需要的产品和服务，一定会有更好的未来。

当下大多数主题酒店做的是细分市场，但其垂直不够，所以对于新进入者还有机会。

以前细分市场有机会，未来不仅需要细分，更需要垂直。目前在细分垂直市场中，缺少量身定制的酒店，对于投资者也是一个机会。

2.酒店如何做好差异化竞争

> 应用场景：酒店寻找差异化竞争方法

当下国内酒店有三个同质化：产品同质化、服务同质化和营销同质化。

酒店产品同质化，一是布局同质化，二是功能同质化，三是硬件同质化。比如：商务型酒店在房型、家具、软装方面基本是雷同的。在早餐方面，同档次同规模的酒店早餐很少能够做到差异化，国内同档次同规模的酒店早餐都差不多。

酒店服务方面存在互相模仿现象。比如：A酒店延时退房到下午14点，B酒店也可以；A酒店赠送水果，B酒店也可以。绝大多数酒店服务SOP（标准操作程序）也是雷同的，缺少创新和弹性，很多酒店增值服务和个性化服务差别也不大。

酒店营销同质化和酒店行业属性关系很大，由于后体验和产品不可以储存的属性，让酒店营销通路变得很短，基本都是渠道营销。在营销方法上差别也不大，A酒店会的B酒店也会，真正的差别在于人的能力和责任心不同。

如果酒店要想实现差异化，需要从客人角度和竞争对手入手，结合酒店自身的优势和资源，才可能形成酒店相对的差异化。

做好酒店差异化有如下三点供参考：

第一，从对手盲点入手。

什么是对手盲点呢？

竞争对手没有做或者没有做好的，但对客人有价值。

比如：酒店早餐，一般时间为7点到9点30分。如果客人吃早餐比较早或者比较晚，早餐时间就可以调整为6点30分到10点30分，这样从早餐这个角度就与竞争对手不同了。如果酒店都赠送2瓶矿泉水，你的酒店赠送4瓶，因为客人向服务人员要一般也会给的。这点可以向美豪酒店学习，美豪酒店的做法是客房矿泉水至少4瓶,在电梯公区位置摆放很多瓶,如果客人需要可以自己拿,不仅方便了客人,也减少了楼层服务员服务的频次。

从竞争对手盲点入手,多研究本区域或本商圈竞争对手的营销政策、产品现状、服务水平,不要也没有必要研究整个行业的竞争现状,因为线下酒店竞争对手绝大多数都在一个区域或者一个商圈,这是分流客人的直接竞争者。

第二,从客人痛点入手。

客人痛点的定义并没有统一的标准答案。从酒店行业来讲,只要是客人合理的需求酒店没有满足,期望和现实的差距可以理解为痛点,差距越大痛点越痛。或者客人潜在的合理需求,也可以理解是痛点。

通常把客人痛点分为核心痛点、外围痛点和虚假痛点三种:

核心痛点是基于产品。

比如:客人没有睡好觉,这个痛点就是核心痛点。因为酒店无论装修多么好,服务多么热情周到,但由于客人没有睡好觉,酒店的其他价值就打了折扣,因为睡觉是客人最在意的。

外围痛点是基于体验。

比如:酒店的插座松动,尤其是客房床头位置的插座,客人给手机充电时非常不方便;如果客人洗澡,淋浴头有的出水孔堵塞,也会造成客人洗澡体验不好。这些都是体验不好客人产生的痛点。

虚假痛点是基于经验。

比如:很多酒店都在做增值服务,如赠送水果。如果酒店赠送了苹果,客人不喜欢,这样赠送就没有价值。晚间很多酒店赠送热牛奶,如果客人不需要既浪费了成本,也没有给客人带来好的体验。

笔者建议,酒店可以采用如下几个方法提升客人需求信息的准确性:一是在酒店前厅做一份赠送清单,客人办理入住时让客人选择;二是可以做一个网页版的页面,放到客房让客人扫码选择;三是对客人的喜好、消费习惯进行标签式的记录,客人第二次入住就可以较为精准地满足客人需求。

第三，从自身优点入手。

比如：酒店位置交通便利、配套齐全，酒店产品新，配套齐全，酒店服务比较细致，得到很多客人的好评，酒店成熟员工比较多等，这些都是酒店的优点。

如果发现竞争对手酒店的盲点，也洞察到客人的痛点，但是酒店员工不匹配或者资源不支撑，那么要想实现差异化也比较困难。

酒店打造竞争优势时把对手盲点分析清楚，把客人痛点分析到位，找到酒店优点，三者相结合，一步一步进行营销政策、产品和服务的优化和调整，最后形成酒店相对的竞争优势，也会在本商圈同档次同规模的酒店竞争中脱颖而出。

3.核心竞争优势要考虑哪些要素

> 应用场景：建立酒店核心竞争优势

第一，理解核心竞争力是什么？

核心竞争力是有价值、不可替代、稀缺、难以被竞争对手复制和模仿的能力，是一个企业能够长期盈利的综合能力。

核心竞争力有如下四个特征：

- 有价值：客人比较看重或者比较在意的，如较低成本、品质较高、效率较高、更加便捷等。
- 不可替代：竞争对手无法找到替代它的技术、功能、产品或者服务，它在为客人提供服务过程中具有不可替代的作用或价值。
- 稀缺：稀缺资源、独一无二的技术或者能力，并且这种资源、技术或者能力可以让企业保持较长时间的优势，可以带给客人更加愉悦的体验。

- 难以模仿：竞争对手难以模仿的，如果想模仿会非常困难，这种难以模仿的能力能为企业带来超过行业平均水平的利润。比如：地理位置独一无二的酒店。

很多酒店开业第一、第二年营业收入和出租率都较好，从第三年或第四年开始这两个数据开始下滑。常看到旺季时酒店工作人员在微信朋友圈晒满房的图片，这并不能证明酒店经营有多好，需要用一年、二年、五年或更长时间看酒店经营数据。能够长期保持酒店高营业收入、高出租率、高REVPER（单房收益）才厉害，背后的驱动因素就是核心竞争力。

第二，理解战略大师的说法。

战略大师迈克尔·波特（Michael E.Porter）三个一般战略从战略层面告诉企业核心竞争优势三个努力方向：总成本领先战略、差异化战略、目标集聚战略。

- 总成本领先战略：简单理解，同样规模的酒店产品品质差不多，A酒店投入1000万元，员工30人；B酒店投入1600万元，员工38人，客房价格差不多。打价格战时，A酒店就具有优势，如果出租率等数据差别不大，其投资回报率（ROI）则较好。
- 差异化战略：在产品、服务和营销上与竞争对手做得不同，但是有价值。酒店行业的差异化机会更多聚焦在细分市场或者长尾部分，同时还有跨界进入酒店行业的创新者。
- 目标集聚战略："水滴石穿"这个成语是较好的解释，如果把水滴分散了"石穿"就会更加遥远或者不可能。2000万元在一个城市可以做4～5家小规模的酒店，5000万元分散到不同的城市做酒店，不如在一个城市做几家酒店，容易形成更好的品牌优势和整合优势。否则后者没有前者有优势。

第三，解读酒店核心竞争优势。

大连锁酒店集团和单体酒店竞争优势明显不同，因为其资源和能力不同。由于酒店背景、位置、能力、产品等差异也会形成酒店核心竞争优势。

核心竞争优势举例说明如表1-1所示。

表1-1 核心竞争优势举例说明

序号	类型	说明	举例
1	资源	拥有独一无二的资源背景	茅台国际大酒店
2	位置	拥有独一无二的位置条件	龙口东海月亮湾海景酒店
3	能力	拥有独一无二的服务能力	青岛海景花园酒店
4	产品	拥有独一无二的高端产品	九如山高端民宿聚落
5	IT型	拥有独一无二的IT系统	华住酒店集团
6	定位	拥有精准的市场定位	君亭酒店集团

第四，酒店核心竞争力的具体内容。

一是大连锁酒店集团核心竞争力。

大连锁酒店集团核心竞争力包括但不限于开发能力、供应链管理能力、IT系统能力、会员活跃数量、品牌影响力、人才培养和输出能力、运营能力等。如表1-2所示。

表1-2 大连锁酒店集团核心竞争力

序号	竞争力要素	说明
1	开发能力	寻找物业及签约加盟的能力
2	供应链管理能力	任何一家酒店集团最好的利润来源，同时会对加盟商起到支持作用
3	IT系统能力	提高经营和管理效率，提升客人体验的能力
4	活跃会员数量	酒店出租率最好的支撑和保障

续表

序号	竞争力要素	说明
5	品牌影响力	影响客人选择酒店比较重要的因素之一
6	人才培养和输出能力	大连锁酒店集团规模化发展的必要支点
7	运营能力	区域运营管理能力
8	管控能力	酒店集团总部管控能力决定其整体的发展速度和质量

二是单体酒店的核心竞争力。如表1-3所示。

表1-3 单体酒店的核心竞争力

序号	竞争力要素	说明
1	定位	精准定位是单体酒店成功的前提和必要条件
2	物业选择	物业的位置、格局、年限等决定后期酒店经营管理的难易程度
3	再投入周期	再装修的周期，是五年还是六年，决定酒店的盈利能力
4	产品	产品是酒店的核心价值，也是客人体验的关键点
5	服务能力	在产品雷同情况下，服务起到了至关重要的作用
6	团队	稳健长期有效经营的保障
7	营销能力	引流能力、客户管理能力
8	管理能力	支撑营销与服务价值的实现，内部效率高低和秩序优劣的能力

4.在营酒店如何才能做好市场分析

应用场景：经营中酒店市场分析

这个时代变化如此之快，以至于适应变化的能力已经成为竞争优势之一。

酒店每个月都要召开运营分析会，主要内容是市场数据分析，以此判断酒店市场上的表现。如果酒店生意持续不理想，市场分析就更加必要。

如何做好酒店市场分析？通常内容都有哪些呢？

主要从以下四个方面进行分析：

（1）**市场数据分析**：包括营业收入、平均出租率、平均房价、REVPER（单房收益）、渠道占比、预订取消比、复购率。

①整体市场数据分析（表1-4）

表1-4　整体市场数据分析

项目 酒店	营业收入	平均出租率	平均房价	REVPER（单房收益）	渠道占比	预订取消比	复购率
本酒店							
竞争对手酒店1							
竞争对手酒店2							
竞争对手酒店3							

②数据对比分析（表1-5）

表1-5　数据对比分析

项目 周期	营业收入	平均出租率	平均房价	REVPER（单房收益）	渠道占比	预订取消比	复购率
本期							
环比							
同比							

说明：同比即跨年度同期数据对比，环比即上个时间周期数据对比。

③渠道分析（表1-6）

表1-6　渠道分析

渠道 占比	OTA	协议公司客户	会员	团队	新媒体
本期占比					
环比占比					
同比占比					

通过以上分析得出数据结果，酒店本月（时间周期）市场营销的优劣及

数据异常表现在哪里，为下个月（时间周期）制订营销计划提供了数据依据。

（2）市场环境分析

主要是指酒店所处位置周边环境变化，是否对酒店经营有影响；政府政策是否有新的调整；城区建设与搬迁是否对酒店经营有影响等。通过市场环境分析得出的结论，调整酒店营销计划。

（3）客户变化分析

客户变化分析包含如下4个方面：

- 线下协议公司客户数据发生变化，包括整体协议公司数量、消费金额、间夜数、消费频次、平均房价、账期等。
- 线上OTA数据变化，包括曝光量、浏览率、点击率、转化率、产量、客户点评数量、差评数量、平均房价、参加活动对客户产生的影响等。
- 酒店会员发展数量、会员卡销售及储值数据、会员整体订单量和会员复购数据等。
- 团队与长住客数据分析

（4）营销计划分析

营销计划分析主要关注营销计划的执行及产生的结果，计划完成及未完成的原因分析，需要分清是主观原因还是客观原因。

①营销计划分析（表1-7）

表1-7　营销计划分析

序号	计划内容	完成标准说明	完成时间	完成	未完成	原因分析

②营销计划制订（表1-8）

表1-8　营销计划制订

序号	计划内容	完成标准说明	完成时间	所需资源	完成结果	原因分析

在制订新的营销计划时，需要把上一个时间周期未完成的计划内容考虑在内，同时结合市场数据、市场环境和客户变化因素制订新的营销计划，其目的是完成酒店预算目标及提升客户满意度，实现酒店持续盈利。

5. 在营酒店如何做再定位

> 应用场景：酒店重新装修或者升级再定位

酒店客人需求不断变化，市场竞争对手也不断变化，以不变应万变的时代一去不复返。所以，经营中的酒店需要根据酒店的现实情况进行再定位。

经营中的酒店做好再定位有如下四个方面内容供参考：

（1）确定何时需要再定位

①市场出现较大的变化

比如：酒店所在位置由于城区规划很多单位搬迁到另一个城区。这种情况对商务型酒店影响是比较大的。另外，竞争酒店增加很多，市场竞争非常激烈，这种情况酒店需要再定位。

②突发事件影响

比如：疫情的影响。需要酒店及时调整经营方向，从依赖外埠流量转到深耕本地流量,如果不从再定位维度入手,酒店经营会一直被动。

③酒店硬件老化

一是早期的经济型酒店产品老化;二是老的星级酒店硬件老化。这两种情况都需要再定位。

④酒店增设新项目

酒店根据市场需求增设了新项目,也需要酒店再定位。

⑤酒店经营很差

如果酒店很长时间经营都很差,所在区域其他酒店出租率都较高,这种情况或许是定位出现了问题,或许是经营策略出现了问题。因为酒店所在区域市场上有流量,所以酒店也需要再定位。

(2)盘点酒店的资源和能力

资源:主要是指店的客户资源、酒店再次投入资金状况、酒店背后支撑有多大。

能力:主要是指酒店经营经验、内部管理能力、团队能力、市场运营能力等。

(3)市场分析

①需求分析

第一,渠道数据分析(表1-9)

表1-9 渠道数据分析

渠道 时间	OTA			协议公司客户			会员			其他		
	营收	房价	间夜	营收	房价	间夜	营收	房价	间夜	营收	房价	间夜
时间												
同比												
环比												

第二，客人吐槽统计（表1-10）

表1-10　客人吐槽统计

客人 分类	OTA差评	店内投诉	吐槽群	意　见
硬件方面				
产品方面				
服务方面				
卫生方面				
位置方面				
性价比方面				
其他				

②竞争对手酒店分析

把竞争对手酒店关键要素进行排列，根据表现打分，每一项都可以进行对比，对比后得出本酒店所处的竞争态势，为酒店再定位提供依据。打分参照标准：很好3分，好2分，一般1分，较差0分。

表1-11　竞争对手酒店分析

表现 分类	区域间接竞争 对手酒店表现	区域直接竞争 对手酒店表现	本酒店表现	结　果
位置				
产品				
服务				
营销				
会员				
性价比				
管理				
IT				
资源与能力				
合计				

（4）再定位要素和内容

由于酒店经营多年，对区域市场比较了解，再定位时只需要考虑两个方面内容：再定位要素和再定位内容。

①再定位的三个要素

投入定位：预算投入资金是再定位起点，因为其他方面的定位都与此有关。

档次定位：需要考虑本区域同类型酒店市场饱和度及市场流量因素。具体内容详见表1-12。

表1-12　档次定位

档次	类型	商务型	综合商务型	旅游度假型	精品型	主题型	经济型
高端	高						
	中						
中端	高						
	中						
	低						
低端	高						
	中						

客户定位：由于酒店已经积累了一定数量的客户，如果酒店投入比较大，产品和服务进行了升级，当前客户可能就会有部分流失，新的客户通过营销也会增加，这里的客户定位需要依据档次定位而定，也需要考虑酒店区域位置及城市经济发达程度因素的影响。

②再定位内容

再定位与新酒店项目定位最大的差别在于再定位是在原来基础之上重新优化和调整，而新酒店项目定位是从零开始。所以，再定位会相对简单。

如果只想部分调整酒店产品，则需要把现有客人进行区分，具体再定位内容如表1-13所示。

表1-13　再定位内容

分类 定位	产品	价格	渠道	促销	服务
功能定位	公区配套定位 客房功能定位 餐饮功能定位 休闲功能定位 娱乐功能定位				无限服务 有限服务
利益定位	感知体验定位	1000元以上 600～1000元 450～600元 300～450元 150～300元 150元以下	营销定位	促销定位	无限服务 有限服务
价值定位	舒适性 方便性 满意度 忠诚度	性价比高与低	价值传递定位	价值传递定位	服务定位

酒店再定位需要根据酒店的资源和能力及市场分析的结果，结合投入、档次、客户三个要素，最后落脚点是功能定位、利益定位和价值定位。

6.新酒店项目如何做好定位

> 应用场景：投资酒店之前

不要用战术上的勤奋掩盖战略上的懒惰。新酒店项目定位决定了酒店的"生与死"，如果定位不准确会直接影响营业后酒店经营的效果。

新酒店项目如何做好定位呢？如下四个步骤供大家参考：

（1）STP分析（图1-1）

①STP定义

分别是Segmenting、Targeting、Positioning三个英文单词的缩写，即市场细

分（S）、目标市场（T）和市场定位（P）的意思。

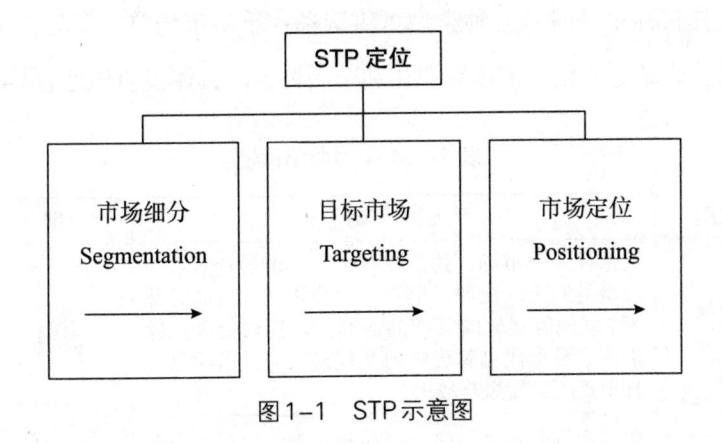

```
                    STP 定位
         ┌─────────────┼─────────────┐
    市场细分        目标市场        市场定位
  Segmentation     Targeting     Positioning
      →              →              →
```

图1-1　STP示意图

②STP应用

第一，市场细分（S）

细分市场是确定战略定位的前提，简单说市场细分就是客户细分。可以按人口细分、地理细分、行为细分和心理细分四个维度进行，还需考虑行业变量、地理变量、规模变量和行为变量的影响。

具体到新酒店项目，市场细分按照消费人群人口属性可以细分为18岁以下、18～25岁、26～35岁、36～45岁、46～60岁和60岁以上。也可以按照性别、职业、受教育程度、民族和社会阶层等进行细分。

按照地理属性可以细分为区域位置、城市人口数量、气候特征等。

按照行为属性可以细分为商务客人、旅游客人、休闲度假客人、探亲客人等，行为属性细分更多体现的是客人的利益诉求、消费决策和品牌影响力带给客人忠诚度等因素。

按照心理属性可以细分为生活方式和价值观念。比如：追求简约、喜欢休闲、讲究品质、热爱自然等是生活方式的体现；乐于助人、有爱心、有创造精神等则是价值观念的体现。

第二，目标市场（T）

尤其是连锁型酒店集团，在发展前期都会选择精准的目标市场作为其发展的方向。比如：浙江君亭酒店集团发展前期主要集中在长江中下游区域。

在选择目标市场时有五种类型可供选择：单一市场单一产品、单一市场多种产品、产品专业化、市场专业化和全面覆盖。具体说明详见表1-14。

表1-14　目标市场

类　型	说　明	图　示
单一市场单一产品	只选择一个市场，并且在一个单一市场开多家同类型的酒店。比如：笔者的前公司在烟台同时开了7家同等规模同等产品的酒店。这样资源比较集中容易形成品牌影响力及规模效应。风险是一旦出现不景气风险较大	
有选择专业化	在多个细分市场做多个产品和品牌。比如：现在的亚朵酒店集团、美豪酒店集团等。这样的策略优点是可以有效分散单一市场风险，缺点是需要公司有强大的资源支撑	
产品专业化	只做一个产品或者品牌，但可以满足不同客人需求。比如早期的国内品牌汉庭、如家，近几年的亚朵、美豪都是这样的策略。优点是可以标准化规模化复制，缺点是一旦产品老化，或者需要升级酒管公司投入较大，否则酒店会出现客人不断流失，公司经营出现危机	
市场专业化	在同一个市场做多个产品或者品牌。比如：百丽鞋在同一个百货商场里有至少5种品牌；温州温度源酒店业主叶总在温州地区就开了不同档次的酒店；河南世纪星连锁酒店主要市场定位在河南省内，然后开不同档次的酒店。好处是客户资源和内部资源可以较好地支撑和发挥，不利之处是如果市场出现较大波动会给公司带来较大经营风险	
完全市场覆盖	即把整个市场作为发展目标。比如：上海锦江酒店集团、华住酒店集团等。这种策略一般是较大的集团公司采取的，但是由于市场太广太大有时很难在每一个细分市场形成优势	

第三，市场定位（P）

市场定位的内容包括形象定位或者叫VIS定位、产品定位、价格定位、渠道定位、服务定位等。具体到执行层面可以分为投入定位、档次定位、功能定位、品质定位、价格定位和服务定位等。

（2）十字架构定位

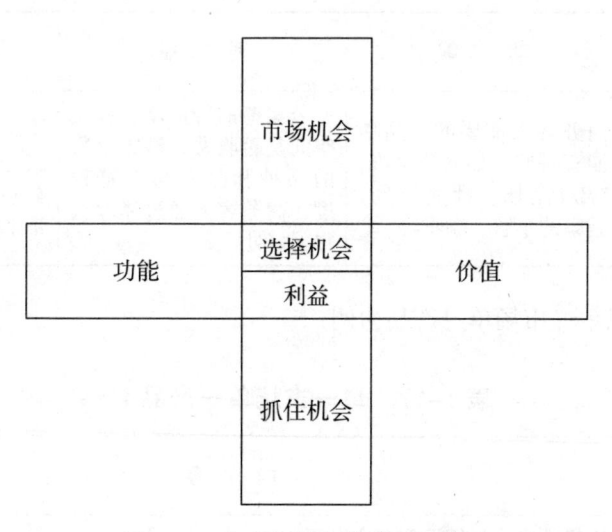

```
                市场机会

        功能    选择机会    价值
                利益

                抓住机会
```

图1-2　十字架构定位模型示意图

①十字架构定位释义

纵向三个因素和横向三个因素构成一个十字形，即十字架构定位。

纵向：市场机会即市场所有出现的机会，选择机会即哪些机会是符合自己能力与资源的，抓住机会是把机会变成现实。

横向：功能即酒店产品的功能，利益即客人通过体验获得的好处，价值即最终酒店提供给客人产品和服务的性价比。

②十字架构定位内容

第一，以客人行为属性为例：

表1-15　十字架构定位内容1

内容 机会	内　　容
市场机会	商务客人、旅游客人、度假客人、探亲客人、休闲娱乐客人和团队
选择机会	如果选择商务客人，酒店的定位就是商务型酒店
抓住机会	根据商务客人的需求进行定位，直到产品设计

表1-16　十字架构定位内容2

类别 内容	功　能	利　益	价　值
内容	商务客人需要的产品功能有哪些，如办公桌椅、WIFI流畅、社交空间、健康的早餐、咖啡等	办公桌椅的舒适度、社交空间是否收费、健康早餐的品种和品质与丰富程度，商务客人通过体验获得的好处	酒店提供的产品和服务客人体验后，在心中的性价比及带来的其他价值

第二，以单一市场单一产品为例：

表1-17　单一市场单一产品1

内容 机会	内　容
市场机会	市场缺少高星级酒店和主题酒店
选择机会	如果选择主题酒店，主题酒店选择有很多，如电影主题酒店、文化主题酒店、禅意主题酒店、琉璃主题酒店、楹联主题酒店等
抓住机会	确定电影主题酒店，然后根据电影主题酒店的定位设计产品和服务等

表1-18　单一市场单一产品2

类别 内容	功　能	利　益	价　值
内容	电影主题酒店屏幕品质、投影清晰度、沙发、饮品、音响效果、房间床品和隔音等	电影主题酒店提供的功能带给客人的愉悦感及身心获得的体验效果	酒店提供的产品和服务客人体验后，在客人心中的性价比及带来的其他价值

（3）定位落地4P

①营销4P释义

即产品（Product）、价格（Price）、渠道（Place）、促销（Promotion），由于这四个词的英文字头都是P，所以叫作4P。

②营销4P应用

通过STP的市场细分、目标市场、市场定位，结合十字架构定位的结果，最后实现产品（Product）、价格（Price）、渠道（Place）、促销（Promotion）4个要素落地。如表4-19所示。

表1-19 营销4P应用

分类＼4P	产品	价格	渠道	促销
定位	产品定位	价格定位	渠道定位	促销定位
	功能定位	利益定位	价值传递	价值传递
实现	产品设计	定价策略	渠道策略	促销策略

（4）定位报告

通过以上内容最后编写定位报告，报告要清晰准确地提供市场分析的相关数据及最后定位的具体内容。

7. 新酒店立项如何做市场分析

应用场景：投资酒店市场分析

酒店开发人员选择开发物业所在城市时，通常考虑当地的GDP数据及城市规模，根据PEST进行分析。当确定物业后，市场分析是一项比较重要的工作。

新酒店立项如何做好市场分析，从实战角度做好物业所在区域分析即可，因为开业后的酒店线下竞争主要在本区域。如果投资方的资源和能力较强，可以做项目所在城市和酒店行业的市场分析。

通常区域市场分析包括如下五点：

（1）物业位置分析

新开酒店物业地理位置分析，一般包括但不限于交通、商业配套、区域特征、经济指标、人口数量与结构、企事业单位数量、医院、大专院校、展览中心等具体位置与规模。同时,需要判断本区域竞争者的质量和数量。

(2) 区域市场竞争者分析

区域市场竞争者分析主要是指相近规模及同档次酒店数量与经营现状,分析本区域酒店饱和度,酒店经营现状等。

具体分析因素详见表1-20。

表1-20　区域市场竞争者分析

酒店＼数量	酒店数量	客房数量	平均房价	平均出租率	REVPER（单房收益）	人房比	饱和度
同规模酒店							
大于本酒店规模							
小于本酒店规模							

说明:饱和度是指一个地区或者一个区域一个产业集中程度所占整体消费的百分比。比如:一个区域整体酒店的年出租率都在50%左右,那么这个地区酒店饱和度就很高。

(3) 区域市场潜在竞争者分析

区域市场潜在竞争者主要是指酒店类型之外的业态竞争。比如:商务型酒店潜在竞争者有酒店式公寓、长短租住宅和民宿等。一个区域客流总量相对是恒定的,如果区域市场有很多业态分流客人,这个区域潜在竞争者就具备较强的竞争力。

具体分析因素详见表1-21。

表1-21　区域市场潜在竞争者分析

类型＼数量	酒店数量	客房数量	平均房价	平均出租率	REVPER（单房收益）	饱和度
酒店式公寓						

续表

类型＼数量	酒店数量	客房数量	平均房价	平均出租率	REVPER（单房收益）	饱和度
长短租住宅						
民宿						
其他						

（4）区域市场客人属性与渠道分析

区域市场客人分为商务客人、旅游客人、亲子家庭和团队，详见表1-22。

表1-22　区域市场客人属性

占比＼类型	商务客人	旅游客人	亲子家庭	团队
占比				

区域市场渠道分为OTA渠道、协议公司客户渠道、会员渠道、旅行社渠道、新媒体渠道，详见表1-23。

表1-23　区域市场渠道分析

占比＼渠道	OTA渠道	协议公司客户渠道	会员渠道	旅行社渠道	新媒体渠道
占比					

通过以上两点，分析判断物业所处位置的市场属性与渠道信息，以此为酒店定位提供数据支持。

（5）SWOT分析

SWOT分析是指：S（strengths）优势、W（weaknesses）劣势、O（opportunities）机会、T（threats）威胁。两个内部因素、两个外部因素，如果是新酒店物业需要分析S（strengths）优势和W（weaknesses）劣势，也需要从新物业所在市场角度分析O（opportunities）机会和T（threats）威胁。

SWOT分析具体内容如表1-24所示。

表1-24　SWOT分析具体内容

	优势（S）	劣势（W）
内部因素	品牌是否有优势；团队是否有优势；产品未来是否有优势；服务品质是否有优势；成本投入及控制是否有优势；会员规模及贡献是否有优势；IT系统是否有优势；组织管理是否有优势等	未来价格是否处于劣势；市场营销人员是否处于劣势；服务标准化执行是否处于劣势；线下协议公司客户开发是否处于劣势；新酒店位置是否处于劣势；客房面积是否处于劣势等
	机会（O）	威胁（T）
外部因素	老的星级酒店产品老化，人房比较高；早餐产品缺少亮点；客房布局不合理；客户忠诚度不高；OTA差评较多等	酒店式公寓、长短租分流的威胁；城市改造带来不便利的威胁；竞争对手降价的威胁；竞争对手高薪挖人的威胁；新的竞争对手潜在进入分流的威胁等

以上五点分析是酒店主要的市场分析方法。

数据准确在市场分析阶段是非常重要的。新酒店立项可以从OTA平台直接获取需要的部分数据，可以从线下协议公司客户沟通中获取数据，也可以从酒店行业专业资讯网站、本区域酒店行业协会及酒店同行交流中获取所需数据。

8. 投资酒店是加盟品牌还是自己做

> 应用场景：投资酒店选择加盟品牌还是自己做

笔者有准备出差去上海，出差前一天晚上接到一个朋友电话，说她的老板想请我吃早餐，然后派车送我去机场。朋友的老板经营一家地产公司，有几处自己的物业，在早餐沟通时提到不知道是自己做酒店还是加盟品牌，当时我问他未来有没有做酒店品牌的想法，还是想把物业租赁出去，当我了解其目的后建议加盟品牌。

2019年，笔者给郑州一家连锁酒店做顾问时，董事长张总和我说他想加盟一家国内知名的酒店品牌，其目的是想学习大品牌的标准及规范的管理。

投资酒店是加盟品牌还是自己做，目的决定选择，加盟品牌还是自己做都各有利弊。

（1）加盟品牌的利与弊（表1-25）

表1-25　加盟品牌利与弊

利	弊
1.在设计及筹建方面相对省心 2.品牌方会委派店总 3.酒店整体经营和管理都有章可循 4.品牌带给酒店一定的溢价能力 5.有一定的会员支撑	1.需要支付加盟费及管理费 2.店总水平参差不齐不好把握 3.品牌方的规范不可以改动 4.违约有一定的法律风险 5.自己发展会员比较麻烦 6.有些品牌区域保护不到位带来经营风险

（2）自己做的利与弊（表1-26）

表1-26　自己做利与弊

利	弊
1.利于在酒店行业发展 2.可以根据自己的要求进行定位和设计 3.自己可以掌控投资额度 4.可以根据要求招聘店总和管理团队成员 5.可以积累酒店定位、设计以及开业的经验 6.利于培养自己的管理团队	1.投入时间和精力大 2.定位、设计及采购容易受自己喜好影响 3.标准化、专业化和系统化弱 4.供应链不成熟有局限性 5.施工现场品质不好管控 6.好的店总和管理团队可遇不可求 7.没有品牌影响力

酒店经营分为两个阶段：一是定位、设计和装修阶段，即营业之前；二是酒店营业之后。

明确目的之后，当具备酒店定位能力、设计资源、供应链资源及酒店经营管理资源和能力条件下，自己做是可行的。如果只具备第一个阶段的资源和能力，第二阶段的资源和能力可以通过时间补充，具备第二阶段的资源和能力，欠缺第一阶段的资源和能力，可以通过第三方弥补，自己做是可行的。反之，建议加盟品牌。

【案例】九如山沉浸式项目火爆"出圈"

（1）九如山度假区简介

九如山浪漫野奢旅游度假区，国家AAAA级景区、国家森林公园、全国森林康养基地、中国文化和旅游网红目的地。三十六平方公里的连绵群山，峰峦叠嶂、峡谷纵横、森林茂密、山泉遍布、溪流交错，绵延十余公里的实木栈道将群山美景连缀成一体，构成以八潭、九瀑、二十四泉、三十六峰为核心的景观。如图1-3所示。

图1-3 九如山浪漫野奢旅游度假区

围绕打造"中国浪漫木屋休闲度假聚落"的战略目标，九如山一直围绕年轻人需求的变化而改变，现已推出不二木居、猫窝民宿、红颜容木桶民宿、阅木山居、梦枕书香、诺漫堡生活情境酒店等9家不同主题的民宿，可满足不同人群的度假需求。这里，艺术、文明与大自然完美结合，为知审美、懂艺术、有品位、爱生活的人们提供了零距离亲近大自然、天人合一的极致度假体验。

此外，为丰富游玩感受，打造"深体验、高共鸣"的沉浸式休憩度假体验，2021年，九如山按国际野奢休闲度假标准，创新推出30余处浪漫野奢生活体验馆。来到这里，不仅可以游园登山欣赏美景，还可以在室内体验馆深度体验，受到众多年轻人的追捧，让旅行更浪漫。

（2）营销定位

在后疫情时代，更多人的休闲度假转向周边游市场。同时，年轻一代人群也更加关注"标签化"和"个性化"的旅游模式，迷恋"诗与远方"的浪漫，由之前的旅行住酒店、住民宿，到现在的选择民宿去旅行，"沉浸式微度假"凭借提供和打造距离近、时间短、品质高的旅游产品，在众多旅游模式中脱颖而出，也让旅游行业迎来了新的时代。

沉浸式游乐是当下Z世代追逐的个性化体验，是时代发展的产物。为丰富住宿客人的度假体验，让"住"变得更有趣，九如山结合原生态的旅游资源，并充分挖掘和利用冗余的场地资源，根据顾客定位不同、需求不同，打造了包括景区游览、木屋民宿、精致餐食、露营美食、沉浸式体验馆、大自然party等一站式综合旅居度假项目，让游客来这里是"看山"和"感受山"，而非"爬山"，真正做到"深体验、高共鸣"。

营销定位详见表1-27。

表1-27　营销定位

顾客定位	产品定位	价格定位	传播定位
90后、95后年轻情侣、亲子家庭	30余处沉浸式体验馆及多种基于不同顾客需求的产品组合	采用基于不同客群的差异化价格策略	新媒体矩阵、OTA、圈层社群等

（3）项目设计理念

围绕"制造浪漫，创造惊喜"的企业使命、"为顾客营造浪漫难忘的生活体验"的企业宗旨、"美好生活的倡导者,浪漫情境的营造者"的企业定位,以及"持续地吸引并赢得顾客及相关方的信任"等顶层设计,九如山不断强化"深体验,高共鸣"的设计理念,在2020年创新推出了"浪漫木屋聚落打卡游",游客在游园时还可参与室内沉浸式的体验服务。2021年,基于组织环境及顾客需求的不断变化,九如山又对打卡游项目再次重塑升级,全新打造了30余处"沉浸式浪漫野奢生活体验馆",馆馆不同,处处惊艳。如图1-4所示。

30处沉浸式浪漫野奢生活体验馆
ROMANTIC LIFE EXPERIENCE

编号	名称	体验	编号	名称	体验
D.1	花女茶男·品茗坊	鲜果花茶	D.22	梦枕书香·民宿	蓝山咖啡/英式奶茶+点心
D.2	研磨时光·咖啡屋	手磨咖啡体验	D.23	听瀑·果茶吧	果茶品鉴
D.3	猫窝·民宿	撸猫小憩	D.25	唇色·口红吧	口红制作体验
D.5	女人花·香坊	干花香囊制作体验	D.26	寻香·嗅觉体验吧	香水制作体验
D.6	豪蒙·儿童科技坊	儿童科技玩具体验	D.27	楚留香·皂吧	手工香皂制作体验
D.7	B&Y·精酿啤酒吧	400ML精酿啤酒	D.28	意想不到·儿童体验吧	儿童创意思维拓展
D.8	山野小酒吧	调和洋酒1盎司品鉴	D.29	小垫·下午茶	下午茶品鉴
D.9	Alpha大神·餐厅	炒菜机器人炒菜体验	D.30	不归·西餐酒吧	西式简餐品鉴
D.10	淘淘吧·童趣园	沙坑、水枪大战体验	D.31	把握·烟斗吧	精品香烟品鉴
D.16	大树·趴点	玫瑰红枣茶+精致点心	D.32	自如·瑜伽体验馆	形体瑜伽拓展
D.17	铁木臻·大自然艺术工坊	铁、木自然手作体验	D.33	有准·台球厅	休闲台球体验
D.18	会说话的石头·石艺馆	石头绘画体验	D.35	108·健身房	健身休闲
D.19	牛烘烘·烘焙坊	手工制作西点体验	D.36	泡TA·溶洞汤泉	溶洞汤泉体验
D.20	品遍世界·城堡酒庄	红酒品鉴	D.37	SMS·泳池吧	游泳休闲PARTY
D.21	丁丁·果冻吧	精美果冻布丁	D.38	儿童戏水池	儿童戏水

图1-4 30余处"沉浸式浪漫野奢生活体验馆"

体验馆举例:

①研磨时光·咖啡屋

标语: 其实,生活更需研磨,无论结果苦与甜。

简介: 这里不仅仅是一个咖啡体验馆,更是一个咖啡知识科普馆。建筑整体结构采用俄罗斯进口的樟子松,利用榫卯结构拼接而成;软装布置加之浪漫的氛围营造,使得整个室内充满了北欧的浪漫情调。在这里,从咖啡植物生长习性的了解到咖啡豆的甄别,从咖啡豆的烘焙、研磨,再到咖啡的萃取与品鉴……整个过程都可以亲自体验。生活更需研磨,无论结果苦与甜。

②梦枕书香·书吧

标语: 闻着木香,枕着书香,进入梦乡。

简介: 一个藏在大山里的书吧及民宿,海拔500米之上,坐拥山川云海;梦枕书香依山势而建,是一个集阅读、观山、度假、体验为一体的综合休闲区。书吧通体木材全部来自俄罗斯西伯利亚原始森林的樟子松,室内分上下两层,总面积超500平方米,现有图书一万四千余册;书吧除了是阅读场所,还为游客提供蓝山咖啡、英式奶茶、精致糕点,满足游客沉浸式打卡与休憩度假的体验;书吧之外的三层便可以直达梦枕书香民宿,入住这里,不仅可享受大自然的馈赠,还能够徜徉在书的海洋,体验阅读的乐趣;入夜,闻着木香,枕着书香,进入梦乡,感受浪漫野奢的沉浸式度假。

(4)推出基于不同人群需求的产品组合

根据营销定位确定目标顾客,基于亲子、闺蜜、情侣等不同人群的多样化需求,在打造单一体验馆产品的同时,九如山着重在不同顾客需求的产品组合上下功夫,将现有体验馆做成基于不同人群的组合,同时挖掘和利用景区场地资源,围绕"浪漫、野奢、出片"的产品打造原则,推出"野奢度假""蜜恋之约""闺蜜派对""大自然party""浪漫时刻""亲子互动""圈层汇"等基于不同人群不同需求的一站式组合产品,以满足顾客多样化的度假需求,并不断超越其期望。如图1-5所示。

图1-5 九如山产品生态示意图

（5）项目成效

项目推出后迅速在新媒体上受到热捧，2021年"五一"期间"沉浸式浪漫野奢生活体验馆"项目每日体验打卡人数3000余人，周末通常单日的体验打卡人数也在1500人以上，并霸榜多平台"情侣约会游玩第一名""济南市游玩人气榜第一名""好友聚会景点第一名"等榜首，推送的沉浸式高附加值产品火爆"出圈"。

"无沉浸不旅游""把日子过成生活，生活是充满浪漫的仪式感"，九如山通过精准细分人群的营销定位、经营模式和产品不断创新，成功实现了由传统观光往游憩度假的完美转型，历经15年的精心雕琢，九如山在纯净山野间倾心打造的木屋度假聚落，已经成为"知审美、懂艺术、有品位、爱生活"人群的网红打卡胜地和山东文旅行业一面鲜明的旗帜！

第二章

酒店营销打法

站在营销战略视角看营销策略是方法，站在营销方法视角看营销策略是战略。换一种说法，营销战略是"道"，营销策略是"法"，营销方法是"术"；营销策略是小战略大方法，是营销战略与营销方法之间的桥梁。假如营销战略是一场战争，营销策略就是战役，营销方法就是战斗。

酒店营销战略是方向、定位和选择，营销策略是产品、价格、渠道和促销的综合，引领营销方法执行并为营销战略服务。

1. 如何理解酒店营销

> 应用场景：理解酒店营销的本质

（1）从客人预订渠道视角理解酒店营销

酒店预订的渠道分为OTA预订、协议公司客户预订、会员预订、旅行社预订、散客预订、新媒体预订。预订形式分为线上预订、电话预订、微信预订、到酒店预订等。

（2）从营销部门工作内容视角理解酒店营销

酒店整体营销分为线上、线下和会员三个主要渠道。

线上是指OTA渠道、新媒体渠道；线下是指协议公司客户渠道、旅行社和异业联盟；会员是指酒店自己发展的会员及会员营销。

酒店营销具体工作：线上主要工作是资料上传及更新、OTA价格管理、数据分析、收益管理、评价管理、促销活动管理、有效引流转化等；线下主要工作是协议公司客户与旅行社客户的开发、二次开发、维护和管理，会议市场和婚宴市场开发。

综上所述，酒店营销的本质是渠道营销。

2. 如何做好营销部门的定位

> 应用场景：营销部门在酒店组织管理中定位

酒店的经营就像是一场接力赛。营销部门是第一棒，前厅部门是第二棒，客房部门是第三棒，餐饮部门是第四棒。可以在棒的次序上有所调整，餐饮变为第二棒，前厅是第三棒。

营销部门在酒店组织里的位置，根据酒店类型不同而有所差异。以客房为主的酒店和综合型的酒店为例：

（1）客房为主的酒店营销部门的位置有两种情况

营销是前厅部门的一部分。整个酒店由于规模不大，营销、预订、前厅接待是一个部门，这样的定位和归属便于酒店经营和管理。

营销是独立部门。由于酒店客房规模较大，协议公司客户占比较高，酒店可以单独设置营销部门。其核心工作内容为线下协议公司客户开发和维护、会议市场开发等，线上预订工作一般归属前厅部。

（2）综合型酒店营销部门的位置有两种情况

第一，营销是一个大的部门。酒店的策划、线上营销、线下营销和预订都在营销部门，部门职能与岗位职责比较明确。

第二，营销是两个部门。客房营销和餐饮营销分头管理。比如：一家四星级酒店260间客房，餐饮有800个餐位，3个大小不同的会场。营销可以是一个部门，也可以是两个营销部门，其中会议通常归属餐饮营销部门。

在酒店组织架构隶属关系上，客房营销部门的上级为主管客房部门负责人或者其上级，餐饮营销也是如此。还有一种情况，整体营销部门归属一个高管管理。

在具体工作方面，客房营销主要负责酒店协议公司客户开发和维护；餐饮营销主要负责接待和客户维护，会议市场与协议公司客户可以捆绑在一起，宴会通常是全员营销和异业合作的方式。

酒店营销通常只做四件事：引流、预订、接待和催款。这是绝大多数酒店对酒店营销的现实定位。

更科学的定位需要增加酒店营销的职能：从引流、预订、接待、催款到维护和管理。

3. 如何制定酒店营销计划

> 应用场景：制订酒店营销计划

酒店营销计划是营销工作的起点，不仅涉及酒店营销工作开展是否有序，还关乎营销目标是否有效达成。所以，制订酒店营销计划是一项非常重要的工作。

酒店营销计划按照时间界定分为年度营销计划、季度营销计划和月度营销计划。一般制订营销计划需要按照下面三个步骤进行：

（1）明确营销计划的目的

酒店营销计划是预算目标实现的必要手段之一，是酒店合理安排资源进行营销实施过程控制的方法，是酒店保证合理投资回报率（ROI）最重要的前提之一。

（2）厘清营销计划的依据

①外部因素

外部因素主要是指市场中竞争酒店的变化、目标客户需求的变化和所处商圈环境的变化,这也是酒店编制年度预算的主要依据。

②内部因素

内部因素主要是指酒店战略目标与愿景、酒店组织管理现状、酒店流程管理现状、酒店产品与服务质量是否需要调整、酒店人员情况、相关政策与机制、相关数据等。需要依据酒店编制的预算目标来制订营销计划。

③确定营销计划的内容

由于酒店定位、档次和规模不同,酒店业主的要求不同,酒店在制订营销计划时也会有所差异。

以酒店年度营销计划为例,通常酒店制订营销计划有6个方面内容,如表2-1所示。

表2-1 制订营销计划的内容

序号	主题	具体说明
1	市场现状分析	• 区域酒店市场现状分析 • 市场需求分析 • 酒店产品和服务现状分析 • 区域竞争对手酒店现状分析 • SWOT分析
2	营销目标	• 营业收入目标 • 平均出租率目标 • REVPER目标 • 营销费用目标 • 会员发展目标 • 渠道占比目标
3	营销费用	营销费用预算是多少,根据酒店季节和淡旺季不同分配营销费用
4	营销目标分解	把营销目标分解到季度、月度和周;营销目标分解到执行层面比如:要想实现平均出租率目标,需要做哪些引流促销活动,OTA做哪些活动,酒店内部做哪些活动,会员做哪些活动
5	营销计划执行	把营销计划执行的时间节点进行量化,每个时间周期具体的目标是多少。在具体执行阶段,需要列明这个阶段所需的资源和必要的配套,避免资源和配套不到位影响计划的执行

续表

序号	主题	具体说明
6	营销管理提升措施	• 营销人员优化 • 渠道策略梳理及优化 • 强化协议公司客户二次开发 • 会员持续发展政策 • OTA 运营优化 • 新媒体运营策略 • 营销机制调整 • 强化客户管理与维护

年度营销计划重点在市场现状分析、营销目标设定、营销目标分解和对应的营销机制，季度和月度营销计划重点在计划的优化和执行，尤其是市场变化较大时酒店需要调整营销目标，随之也要调整具体措施。

在编制营销计划时，根据酒店整体要求可以采取PPT、WORD等形式，具体到季度和月度可以用甘特图的形式把营销计划完成的进度进行图示。

4.如何应对本商圈酒店的价格战

> 应用场景：酒店面对价格战时

酒店打价格战至少有三个因素：

第一，市场供大于求，流量不足。

第二，酒店所在区域分流严重，出租率较低。

第三，产品和服务同质化严重，酒店之间没有本质的差别。

酒店面对价格战这样的难题，酒店从业者一直在寻找有效的答案；由于酒店不同区域市场差异性很大，客源结构不同，酒店业态的多样性，很多酒店在面对价格战时，为了保证自己的酒店出租率不受影响，只能被迫参加，这样价格战烽烟持续不断，只要市场出现流量不足就会不断上演。

面对价格战，需要酒店盘点是否具有核心竞争优势，如果没有，则需要酒店采取如下三种应对策略：

第一种策略：全部跟随

全部跟随策略，即酒店所有的房型都参加价格战。

如果酒店的产品和服务比本区域参加价格战的酒店优秀，在操作时酒店可以采取一个小的策略。在调整价格时，酒店的房价可以比竞争对手高，如高出10元或者30元，具体幅度要根据酒店平均房价设定。

虽然大家都降价了，但我们酒店比其他酒店价格高，无形之中告诉客人我们酒店的品质比其他酒店好，所以价格才高一些，酒店高出的金额保证客人不敏感。比如：平均房价500元，10元或者30元就不敏感；如果平均房价是150元，20元都可能敏感。

第二种策略：选择性跟随

选择性跟随策略，即酒店拿出一部分房型降价，性价比高的房型不参加价格战。

需要酒店重点关注没有降价房型的客人，需要及时提供个性化和增值服务，以补充和缓解竞争对手降价的负面冲击，同时起到提升客人满意度和满足客人心理预期的效果。

第三种策略：不跟随

不跟随策略，即酒店不参加价格战。

酒店不跟随降价会有客人分流的风险，需要酒店提前做好预案，把分流风险降到最低。

有如下5种方法可以参考：

- 搞促销活动：如赠送酒店代金券和礼品，用这种形式来缓解客人对价格的敏感度，需要酒店注意活动的时间周期。
- 参加OTA活动：面对周边酒店降价，酒店多参加OTA活动，增加酒店的曝光率和浏览量，提升客人转化率。

- 打开全渠道：携程不要做特牌，这样才可以把网上的渠道都打开，增加流量入口。同时，强化线下协议客户维护和二次开发，酒店会员渠道也要提高转化和对会员进行必要的维护。
- 丰富产品：在产品的功能上进行优化或者升级，让酒店在产品上形成更多的优势。
- 延伸服务：延伸和满足客人比较在意的需求。比如：酒店接送机接送站服务；7点之前提供免费便携早餐等。

无论酒店市场竞争多么激烈，酒店根据自身资源和能力采取如上三种策略，就可以相对处理好价格战带给酒店的负面影响。需要酒店紧盯本区域酒店的服务政策和营销策略，只要与竞争对手酒店形成一定的竞争优势，就可以打赢不断发生的价格战。

5. 如何应对周边新开业酒店的竞争

> 应用场景：酒店周边有新开业酒店竞争

酒店之间的竞争是市场化的表现。当周边出现新开业酒店时，通常会分流在营酒店的客人。所以，当酒店面对周边新酒店竞争时，需要采取如下措施：

（1）判断竞争程度

首先，进行竞争程度的分析和判断。

档次：是否与酒店档次接近或者相同；

规模：尤其是客房规模会直接造成客人的分流；

距离：距离新开业酒店有多远，是否在同一个商圈，其位置便利程度；

配套：从物业规模和外在装饰判断其格局和配套情况。

其次，进行SWOT分析，从优势、劣势、机会和威胁做对比，通过分析找到双方酒店优劣势和市场机会有哪些。

最后，填写竞争程度表，以此判断竞争程度，为后续营销工作提供必要的信息支持。

表2-2　填写竞争程度表

项目	具体说明	竞争程度
档次		
规模		
距离		
配套		
结论		

（2）提前做好客户维护工作

当确认周边有新开业酒店之后，需要关注其试营业和开业的时间节点，然后酒店需要制订协议公司客户维护工作计划，关键工作要点如下。

时间节点：建议提前三个月进行协议公司客户维护工作。正常情况下，协议公司客户维护是一个持续不断的过程，但是碰到周边有新开业酒店时，特别是与酒店档次相近或相同，位置在同一个商圈或区域，在新酒店开业前三个月左右是酒店维护协议公司客户重点时间节点。

协议公司客户名单梳理：通过对协议公司客户消费金额、频次、平均房价三项指标进行排名，对前50名或前100名的协议公司客户进行重点拜访维护，尤其是新开发产生消费时间不长，并没有建立良好客情关系的协议公司客户需要重点拜访。

营销人员安排和维护内容：根据协议公司客户名单的梳理与排名，确定重点拜访和维护的客户名单，然后按照营销人员的分工和客户归属进行拜访。建议做一个完整的拜访计划，每次拜访结束后做详细的记录，具体内容参考

表2-3。

表2-3 拜访记录

协议客户名称		营销人员	
重要程度		是否需要随手礼	
拜访时间	日期： 星期：	到达时间： 离开时间：	
协议客户状况	一般是指客户经营状况，因为经营状况会影响客户业务活跃频次，也会对酒店间夜数的贡献有影响		
订房人状况			
沟通内容			
协议客户建议或者新需求			
其他			

协议公司大客户需要重点维护：建议对酒店的大客户，最好酒店高层和营销人员一起去拜访，这样会让协议公司客户感觉对其重视。因为一般新开业的酒店，开发协议公司客户都是营销人员或者营销经理岗位，很少有高层大面积地开发。

（3）分析新开业酒店策略

新开业酒店试营业或者开业初期，密切关注其策略或者服务政策。可以从OTA上的政策关注开始，结合线下门市价格或者其他客人反馈信息及同行交流信息获取。

当了解对方酒店策略和服务政策后，可以有针对性地调整酒店的价格、服务、预订政策等内容。比如：新酒店退房时间为12点，酒店可以延伸退房到14点。

（4）丰富酒店服务内容

根据新开业酒店的政策和策略优化对应的内容，在酒店成本可控范围内增加服务项目，尤其是客人在乎和直接体验的服务。

(5) 分析渠道数据变化

每周或者每月对酒店各个渠道数据进行分析，根据分析和对比判断酒店客人流失或者增加的数据，根据变化的数据调整酒店的营销策略。

分析内容参考表2-4。

表2-4　分析渠道数据变化

渠道 指标	散客	OTA	协议	会议团队	会员	钟点房	其他
营收							
出租率							
间夜数							
平均房价							
RevPAR（转速）							
其他							

酒店需要做不同房型的统计和分析，再对比新开业酒店的数据，就可以有针对性地调整对应策略。

(6) 调整酒店营销策略和政策

根据以上判断和分析，需要酒店做好长期的营销策略调整，因为新开业的酒店是搬不走的。

调整内容主要有如下7点：

- 酒店价格结构，包括所有渠道的价格。
- OTA策略和政策调整。
- 酒店协议公司客户政策，尤其是重要的协议公司客户，需要有针对性地调整，配套修改对应的合作协议或与订房人说明，以便应对新酒店竞争和分流。
- 钟点房相关政策。

- 早餐政策。
- 会员政策。
- 散客政策。

总之，根据数据分析确定酒店营销政策调整的重点，然后是执行，最后通过数据看结果。酒店需要不断进行这样的循环，直到酒店经营数据达到经营预算目标或者预期。

6.商务型酒店如何提高周末出租率

应用场景：周末出租率较低的商务型酒店

今天酒店行业有两种占比高且重要的酒店类型，分别是商务型酒店和旅游度假型酒店。商务型酒店以商务出差、商务接待和会议为主，旅游度假型酒店以旅游和度假客人为主。

淡旺季是很多酒店面临的周期性循环经营的规律。旅游度假型酒店一般淡旺季更加明显，周中出租率不高；商务型酒店一般周末出租率较低，已影响酒店整体的经营效益。

由于周末市场流量不足，商务型酒店周末出租率通常不高，根本原因是商务客人周末回家或者不出差所致。要想破解这个难题，有如下四个方法参考：

（1）丰富本地化产品

首先，需要酒店丰富本地化产品，如果没有本地化产品作为支撑，本地客人就无法到酒店消费，引流也不会有效果。所以，根据酒店所在位置和城市的消费属性进行产品丰富。比如：麻将房在成都就比较流行。

其次，结合目前当地消费趋势和消费特征，扩大丰富产品范围。比如：

电竞房、电影房、温泉房和直播房等。

（2）重视酒店钟点房

很多酒店都有钟点房的收入。但在服务和排房方面缺少设计，如果酒店周末出租率较低，酒店的位置和产品较好，提升钟点房入住率是一个比较有效的方法。

提升钟点房入住率5个关键点：

- 安排房间时，需要酒店前台安排客人少和比较好的房型和房间。
- 减少客人停留等待时间。
- 调整酒店客房洗漱用品，最好为中性。
- 免费配置必要的所需物品。
- 前厅需要减少与客人打招呼和交流。

（3）关注和沉淀长住客人

酒店管理者可以思考这样的问题：酒店长包房的客人是从哪里来的？通常答案都是协议公司客户的客人。然后再思考：是协议公司客户订房人主动找到酒店还是营销经理开发的？大多数都是协议公司客户定房人主动介绍的长住客人。

由此看出，酒店对长住客开发和重视不够，如果酒店能够很好地开发长住客人，则可以缓解周末出租率较低的问题。

从协议公司客户合作协议、开发拜访和回访入手，在合作协议中注明酒店提供长包房服务，酒店把价格和相关服务描述清晰，营销人员每次回访都要提及酒店提供长包房服务，一旦协议客户有需求，第一时间就会想到你的酒店，这种方法叫"记忆强化"。

（4）做好周末本地化引流工作

当酒店丰富本地化产品后，接下来就是引流和转化，如下四点可供参考：

- 增加美团休闲类入口。
- 与当地媒体合作，如交通广播电台。可以采用置换的方式，双方互惠互利。
- 与具有5000人以上粉丝的主播和主号合作，这样对方要价不会太高，或采取置换的形式。
- 异业联盟。

以上四个方面的内容，可以缓解商务型酒店周末出租率较低的问题，并不会从根本上解决市场流动性不足的现象，但可以相对提升酒店的出租率。如果要想从根本上解决这个问题，酒店需要从定位开始，如果有新的酒店项目需要从立项阶段考虑周末出租率较低的问题，把本地化产品做好，最后才是营销的事情。

7. 位置不好的酒店如何有效引流

应用场景：位置不好的酒店引流

举一个真实例子：某酒店处于小区里面，最近的大型商业是红星·美凯龙，距离酒店大约1000米。

这家酒店的业主在微信上问笔者："像我们这样的酒店如何才能做好营销呢？"笔者理解是如何有效地引流。

当时，笔者有三点建议：

（1）做好OTA

在携程、美团和飞猪上，把酒店介绍重新优化，重点介绍酒店所在位置，尤其是标志性入口；然后优化"问答"，酒店自问自答，把酒店具体的位置说清楚，如果打车到哪里下较方便，如果步行从哪里走最便捷，如果有行李可以给酒店打电话，酒店服务人员可以去接等。

（2）做好周边协议公司客户开发

由于酒店离红星·美凯龙较近，虽然不确定有效客户数量，但也是酒店引流的突破点。也需要围绕酒店周边开发协议公司客户，结合酒店定位和价格因素，提前准备好合作协议和必要的文件等。

（3）做好复购设计

客人复购是目前大多数酒店忽视的。虽然每家酒店都重视服务，但服务的价值是什么呢？或许有酒店人说，服务的价值是提升客人的满意度。那么，为什么要提升客人的满意度？笔者认为，客人复购才是服务的终极目标。

所以，酒店应该从客人复购的角度设计服务。

在客人复购时有两种虚假复购的可能：一是"势力复购"，即酒店有优惠活动，这样的客人就复购了，换一种说法，只要客人能够占到便宜则复购；二是"垄断复购"，由于酒店具有独一无二的地理位置，对酒店位置有依赖的客人就会复购，这样的复购并不一定是酒店服务和产品多么好，而是没有其他选择，这样的复购叫"垄断复购"。

河南郑州某酒店，95间客房，产品是禅意和古朴风格，位置也在社区里面。2019年笔者和河南酒店网李总一起去探店，看完客房后与店总交流了近1个小时，发现这家酒店当时月平均出租率达到了93%，并且其会员占比超过了50%。原因是这家酒店从第一天营业就开始做会员，所以才会有当时非常棒的会员支撑。做酒店会员也是提升复购率的好方法。

如果酒店的位置在城市外围或者在工业区如何做好客人引流？

这样的酒店在渠道上要做好三件事情：

第一，有效开发周边协议公司客户。

这种酒店与小区里的酒店差别很大。一般小区里的酒店大都位置不差，只是酒店没有在主要街道上，展示不明显。而城市外围或者工业区的酒店，位置的特征决定了周边协议公司客户的重要性，也是酒店最重要的引流方向。

2018年12月，笔者在哈尔滨给一家酒店做内训，这家酒店距离城区较远，周边基本上都是工业企业。虽然酒店位置不在城区，但经营得有声有色，从客房到餐饮都有自己的特色，这家酒店核心的客户就是周边协议公司客户的客人。

第二，做好OTA。

OTA有两部分流量。一部分是新流量，尤其是第一次到酒店附近企事业办事的商务人士；另一部分是OTA私域会员的复购。需要酒店从这两方面入手优化OTA各项指标。

第三，做好酒店会员。

这类酒店最好做酒店的会员，至少要实现移动预订，为会员复购提供最便捷的通道。一旦把商务客人发展为酒店会员，通常会员会产生复购，当会员基数积累到一定规模后，复购的占比就会持续提升。

以上内容是针对位置不好的酒店做好引流的，无论酒店位置如何，酒店都应该把基础的工作做到位，产品也好，服务也罢，持续提升客人的体验感、满意度和复购率，才是酒店努力的方向。否则，复购较少，靠持续引流带来的新流量，支持酒店的经营会比较艰难。

8. 酒店如何解决"价格倒挂"的问题

> 应用场景：酒店设计价格结构

由于酒店在OTA上价格不断浮动，会造成协议公司客户和酒店会员价格相对没有优势,如果调整不及时就会出现"价格倒挂"现象。

协议公司客户价格一般分为全年固定价格,淡旺季和节假日价格,平季价格。很少有随着市场变化进行浮动的。酒店会员价格相对也是浮动的,参照底价标准是OTA的价格或者门市价。

酒店要想解决价格倒挂问题,需要设计一套完整的价格结构,在操作层面完全按照确定的价格结构执行。

解决"价格倒挂"有如下三点可供参考:

(1)遵循价格结构设计两个原则

第一,折扣原则。

第二,以OTA为基准调整原则。

比如:某酒店OTA价格为450元,那么酒店会员价格,协议公司客户价格可以参照表2-5设计的价格思路。

表2-5 酒店会员价格

门市价(元)	500元/间夜		
OTA价格(元)	450元(门市价的9折)		
会员价格(元)	一级会员	二级会员	三级会员
	425(8.5折)	400(8折)	375(7.5折)
协议公司客户价格(元)	无论淡旺季,价格区间在375—425元浮动,最好也是折扣计算		
其他价格(元)	特殊客人价格		

(2)调整价格注意事项

调整价格时只需调整门市价,其他渠道价格都要随着门市价调整。

协议公司客户价格较为敏感,通常是固定不变的,在价格调整前需要与协议公司客户订房人沟通说明。

为了便于转化现付的协议公司客户客人成为会员,所以协议客户价格区间设定在375—425元，如果协议公司客户价格低于375元，酒店是转化不了现付客人的，酒店在设计价格结构时，尤其是构建会员系统时需要注意。

如果酒店门市价没有变化，由于酒店出租率较低，酒店降低了OTA的价格，这样会影响酒店转化OTA客人为会员。如果出现OTA价格低于会员的价格，有两种解决方法：一是OTA价格高于酒店会员最高级别价格时，直接给转化的客人最高级别会员的价格；二是会员价格随着OTA价格变化而变化，从本质上解决了"价格倒挂"的问题。

（3）OTA低价引流

当市场流量不足时，很多酒店都会在OTA上搞低价引流，这样就可能把整个"价格结构"打乱了，有的酒店在无早餐、单早和双早上设定不同的价格，注意避免出现"价格倒挂"。如果酒店在OTA上搞特价房，需要在其他渠道上也要放一些特价房，同步进行调整，避免出现"价格倒挂"现象。

酒店做OTA低价引流时需要明确目的，低价房不是卖的，是引流用的，否则低价房出售后，当库存为零时需要增加库存。所以，在支付方式上设定线下支付，然后在酒店前厅为这样的客人升级房型，只需要支付几十元就可以了。

由于高房价和低房价敏感额度是有差别的，所以需要酒店根据平均房价找到价格敏感区间，不仅有利于酒店合理地调整价格，还会降低价格变化对客人的影响。

2019年，笔者在上海隐居酒店集团总部做内训时，国内非常知名的一家酒店集团市场总监找到笔者，说他们酒店做会员被OTA（某程）盯上了，酒店会员的价格不能比OTA价格低，如果调整价格将不利于酒店转化会员。

当时，笔者告诉这位总监：把目前三个会员等级调整为四个等级，第一个等级会员价格比OTA高一些，转化会员时还是按照原来的价格执行就可以了，只是在具体操作时增加一点前台员工操作步骤而已。

9.酒店长住客开发策略与方法有哪些

> 应用场景：酒店开发长住客

（1）需要界定住多久才是长住客

国际联号酒店把连续住14天及以上的客人界定是长住客，现在酒店一般入住7天也可以算是长住客。

（2）认清长住客对酒店有哪些好处

如果酒店体量比较大，长住客是酒店较为稳定的营业收入，有利于酒店做好收益管理。由于酒店客房产品不可以储存，酒店也很难保证长期较高的出租率，长住客会减轻酒店经营的压力，这样酒店才有底气做好收益管理。由于长住客对酒店比较熟悉，会较真实地反馈入住期间酒店存在的问题，酒店会有优化改善的最佳时机，对酒店经营和品牌传播有很大的帮助。

（3）长住客开发策略和方法

①协议公司客户是潜在长住客来源

笔者曾经问过很多酒店营销人员，长住客是开发的还是主动联系酒店的，基本上都是主动联系酒店的，并且协议公司客户长住客占比较高。所以，需要营销人员在拜访协议公司客户时要不断强调酒店提供长住房服务，在新开发协议公司客户时在签约合作协议中增加提供长住客服务条款。

②酒店周边机会市场开发

营销人员可以拜访酒店周边大型工程企业，如地铁、高铁、楼宇等大型机建施工现场，准备开业的大型商业联合体和高端的百货公司也不要忽略，三甲医院、重点大学和重点高中也是有机会的。

③酒店会员是长住客信息传播的有效渠道

在酒店介绍及关注小程序或者微信公众号时，需要提醒客人酒店提供长住客服务。

④携程、美团和飞猪渠道

大多数酒店不会在OTA渠道上设置长住房价格，因为价格不好设定。但可以在酒店介绍中说明可以提供长住客服务，同时可以用问答的形式预埋关于酒店提供长住客服务的话题，当客人有需求时会主动查看问答，会起到一定的引流作用。

⑤不要忽略58同城、wellcee、咸鱼等线上平台传播

如果你经营的是一家酒店式公寓，平均房价并不高，那么在58同城、租房信息服务平台wellcee、咸鱼上发布长包房信息是不错的选择。

⑥不要忽略线下房产中介

尤其是酒店周边的房产中介不要忽略，房产中介介绍的客人一般住的时间都会比较长，如果酒店价格不是很高，就有必要重视这个线下开发的机会。

（4）长住客维护的必要性

根据长住客入住的时间不同，酒店需要制定不同的策略，包括价格折扣、提供服务内容、房间安排、家具和用品的差异等。

如果长住客住的时间比较长，需要酒店与长住客签署合同或者协议，明确价格折扣、结算方式和时间、酒店提供服务具体内容等。如果酒店所在市场淡旺季比较明显，且房价差异较大，需要提前测算好淡旺季的价格折扣，以免影响入住后长住客的满意度。

10. 酒店全年促销都有哪些时间节点和主题

> 应用场景：酒店促销活动

酒店全年促销活动有很多，根据时间节点不同，主题也会有差异，按照

季度介绍如下：

第一季度：共有7个主要节假日

表2-6　第一季度主要节假日

季度	节假日	促销主题	建议时间周期	促销形式
第一季度	元旦	迎新年·元旦送大礼	12月15日至1月15日	代金券、礼品赠送促销
	春节	买年货·大派送 新春消费·惊喜连连	春节前后一个月左右	礼品派送、餐券和房券
	情人节	温馨情人节·优惠大酬宾	2月5日至2月14日	打折促销
	正月十五	团圆元宵节·消费送元宵	农历正月初八至正月十五	元宵赠送
	二月二	龙抬头·好事有	农历正月二十五至二月初二当日	礼品赠送
	三八妇女节	转盘抽奖·百发百中	3月3日至3月8日	转盘抽大奖
	3·15消费者权益日	真情回馈住4送1	3月7日至3月15日	赠送

第二季度：共有7个主要节假日

表2-7　第二季度主要节假日

季度	节假日	促销主题	时间周期	促销形式
第二季度	清明节	树新风·好礼送	4月2日至4月6日	消费赠送
	劳动节	庆五一·有好礼	4月20日至5月10日	优惠券促销
	五四青年节	青春无悔·住宿有礼	5月2日至5月5日	消费满增送
	母亲节	感恩回报·现场抽奖	5月的第2个星期日是母亲节。母亲节前一周活动开始	消费抽奖促销
	六一儿童节	欢乐童年·快乐时刻	5月26日至6月2日	消费满赠送玩具
	端午节	五月五·庆端午	农历五月初五是端午节。活动周期为农历五月初一至五月初七	消费赠送粽子

续表

季度	节假日	促销主题	时间周期	促销形式
	父亲节	温馨父亲节·消费好礼送	6月第三个星期日是父亲节，活动周期为父亲节前一天及后一天共三天。	消费满送剃须刀

第三季度：共有3个主要节假日

表2-8 第三季度主要节假日

季度	节假日	促销主题	时间周期	促销形式
第三季度	七夕	情浓七夕·甜甜蜜蜜	农历七月初七	消费赠送红玫瑰
	中秋节	花好月圆·回馈无限	农历八月十五，时间周期在八月十五前后一个月	消费赠送月饼
	教师节	谢恩师·送大礼	9月6日至9月10日	消费满即送礼物

第四季度：共有3个主要节假日

表2-9 第四季度主要节假日

季度	节假日	促销主题	时间周期	促销形式
第四季度	国庆节	金秋十月·消费有礼	9月28日至10月7日	消费有礼，转盘抽奖
	重阳节	重阳好礼送·感恩父母情	农历九月初九为重阳节。活动时间周期为农历九月初六至初九	消费满××元送××元礼品或送代金券
	圣诞节	消费平安夜·送你平安果	12月24日当天	赠送平安果
		幸运25，抓到真幸福	12月25日当天	抓到以25为尾数号码即得奖品

由于酒店的定位、规模、档次、产品、资源和能力不同，酒店促销活动目的和内容也会有所差异，促销活动成本、采购、活动现场布置和执行也会影响最后的效果。

11. 如何避免酒店营销人员带走客户

> 应用场景：酒店营销管理

这里的客户是指线下协议公司客户。

从两个层面回答这个问题：一是什么原因酒店营销人员会带走客户？二是避免营销人员带走客户的解决方法。

（1）原因分析

①营销人员离职

很多酒店由于营销人员离职，协议公司客户就会部分流失。因为协议公司客户的订房人与酒店营销人员比较熟悉，并且有的交情很好，营销人员离职后如果继续做酒店营销工作，带走客户的概率就会提高。

②营销人员认为分配不公平

目前酒店营销人员收入基本上是底薪加提成，如果酒店提成比例不合理，营销人员就会认为不公平，负面行为可能会把比较熟悉的协议公司客户订单给别的酒店以换取更高提成，以此来平衡酒店提成的不公平。

③营销人员对上级不满

这个原因有很多不确定因素。就营销人员带走客户这个问题，涉及上级管理者领导力及与营销人员关系的好坏，如果营销人员对上级长期不满，也会造成营销人员带走客户现象的发生。

④客户只熟悉营销人员

很多酒店协议公司客户订房人只熟悉营销人员，在一定程度上产生订房习惯的依赖，一旦营销人员离职，就会带走这部分客户。

（2）解决方法

①建立客户档案

建立健全协议公司客户档案，营销部门和财务部门各一份，酒店保持客户信息对称和完整，会相对减少营销人员离职带来的客户流失风险。

②大客户需要两个人维护

大客户流失会对酒店带来较大的损失。所以，建议大客户由两个人维护。营销人员及上级管理者、营销人员和财务部门管理者一起维护。这会较好地解决营销人员离职其他人员衔接不上订房人的问题，以此继续维护客户关系。

③改变预订方式

由于客户订房大多数是找酒店营销人员，营销人员再向酒店前台或者订房中心订房。如果改变订房人订房方式，让订房人直接用小程序或者微信服务号订房，这样就会减少订房人对酒店营销人员订房方式的依赖。如果营销人员发生变化，订房人订房的方式并没有改变，也可以减少客户流失的风险。

④"卖庙不卖和尚"

强化酒店品牌，弱化个人影响。

通常协议公司客户订房首先是认可酒店的位置、产品、价格和服务，其次才是营销人员。如果营销人员放到第一位，酒店放到第二位，这样客户存在潜在流失的风险。所以，需要酒店在协议公司客户开发环节要求营销人员多传播酒店的品牌和产品，以此弱化个人影响，同时酒店高层管理者也要有这个意识，不断强化酒店的品牌。

⑤出台相关制度

酒店对协议公司客户管理要有规范的制度要求，在制度中明确规定营销人员带走客户这种行为处理的结果。同时，在营销人员上岗时需要签署竞业协议，在协议中约定禁止带走客户这种行为，如果发生类似行为，酒店要追究相关责任。

【案例】"年货节"全员营销活动实施方案

(1) 隐居蓬莱简介

隐居蓬莱是集精品度假、文化交流、艺术展览、休闲养生、轻社雅集、人文休闲及民俗文化体验于一体的诗意生活空间,将隐居雅致情愫与仙境文化结合,构建出大隐于都市、小隐于蓬莱的全景时光。

隐居蓬莱,由四座别墅楼组成,建筑面积4000多平方米。规划有精品客房、艺术茶舍、听海餐厅、户外长廊、休闲广场、亲子娱乐等美好生活空间。

项目在设计之初,深挖蓬莱的仙境文化和神仙文化。接待楼为听海,外观是八角攒尖式建筑,与八仙文化相融合。把"蓬莱、瀛洲、方丈"三座仙山从神话中请来,化作三座楼栋的名字。从修仙的俊逸、道意的风骨、中药香草的幽芳、方言民俗的市井温暖中,提炼出47间客房的名字。

(2) 活动目的

隐居蓬莱地处山东的胶东地区,根据当地习俗,每逢大年时,家家户户都会手工制作大饽饽等面食,饽饽的形状有鱼形、莲子、寿桃等,更有部分会夹带红糖或豆沙等馅料,以此来庆祝新年及寓意年年有余、五谷丰登、长命百岁。因制作工艺较为烦琐,在繁忙的工作中,工薪层只能购买饽饽,但市场上出售的饽饽多为机器制作,品尝不到地道的手工饽饽。在此情况下,隐居蓬莱借机推出手工制作的饽饽,满足部分送礼和自用客户的需求,同时提升酒店曝光率和知名度。

(3) 活动策略

①活动主题

年货节:胶东大饽饽,福满全家乐。

②销售目标

销售数量为500盒，实现营业收入50000元。

③活动周期

春节之前45天。

④产品定位

两种礼盒分别为：吉祥如意·新年礼盒/88元；大丰收·新年礼盒/128元。

产品赋予浓浓年味及胶东习俗特征，如四季平安·大枣馒头、年年有余·鱼形馒头、连年好运·莲子馒头、蒸蒸日上·豆包饽饽、甜美圆满·富硒蜜薯。

图2-1　两种礼盒

（4）产品制作

根据销售目标和产品定位进行成本核算，然后进行采购，同时根据活动主题和产品名称进行包装设计。

按照活动时间节点，酒店要求餐厅面点师准备必要的"模具"及出品数量，对具体原材料进行严格把关，确保产品质量，同时保证产品的外形特征明显，但不能影响口感。

(5) 销售与培训

①明确销售任务

管家每人60份，员工每人20份保底任务。

②全员培训

酒店进行全员的培训，明确活动的开始时间、结束时间、套餐内容、售卖价格、话语话术和操作的流程。

③全渠道销售

线下渠道、微信朋友圈和微信群、公众号、抖音和小红书全渠道进行销售。

(6) 激励机制

单盒提成5%，10盒及以上提成10%。

(7) 活动实施

线下与各协议公司、合作的供货商等有需求的单位和个人进行联系销售礼盒。

前台及餐厅明显处放置小黑板进行宣传和展示，对每一位入住的客人进行推荐；在客人用餐时，赠送小饽饽供客人品尝，以此可以让客人购买。

线上同步微信朋友圈、微信群、公众号、抖音平台和小红书进行传播推广。

每日盘点销售信息，对销售中遇到的问题及时找到解决的方法，同时对购买礼盒客人提供"大饽饽"制作配方，增强客情关系。

(8) 活动成果

活动开展45天，共计售卖568份，其中88元套餐327份，128元241份，合计金额59624元。

第三章
携程渠道营销策略

移动互联网和信息技术的飞速发展，将营销带入丰富多彩及线上线下交融的新时代。

在消费者拥有话语权的今天，消费者个性化需求正在变为营销的关键节点，迫使企业在流量入口投入更多的资源才可能获取更多的订单。

酒店行业的属性决定了酒店营销"短、平、快"的特征。无论线上还是线下，酒店营销路径都比较"短"，严重依赖渠道注定了酒店营销比较"平"，产品不可储存的属性决定了酒店营销必须要"快"。

流量入口的多选择性决定了酒店营销方法的多样性。

1. 如何提升曝光量

> 应用场景：酒店提升携程曝光量

什么是曝光量？曝光量是一个总数的概念，即看到信息人次的总数量。简单理解，即客人在携程平台上看到，或者找到某酒店人次的总数量。

影响酒店曝光率的有以下五个主要因素：

（1）站内付费广告

站内付费广告需要酒店支付一定的费用带来的流量。虽然站内付费广告起到一定的曝光作用和效果，但增加了酒店营销成本，所以要根据酒店的实际情况确定是否需要付费广告。

（2）酒店区域位置

携程可以设置双商圈。通常客人预订酒店，首先会选择区域，其次选择商圈或标志性地标，再甄选酒店。所以，酒店所属商圈或标志性地标很重要，酒店需要结合所在区域位置的实际情况进行选择。比如：展览中心、高铁站、市政府广场、著名景区或景点等地标。

（3）站内促销活动

携程渠道有很多促销活动，参加越多曝光就越多。比如：优享会、闪住、免费升房等。但需要酒店考虑参加促销活动是否会影响酒店的价格结构。比如：酒店参加优享会后价格相对较低，有时低于酒店的会员价格，或者比酒店协议公司客户价格还低，这样就会打乱酒店整体价格结构。

（4）特价专区/携程直播

因为以上两个功能窗口在携程的首页，所以展示和曝光有一定的效果。尤其携程直播可以更好地展示酒店的特征及优势，更加直观地传播酒店。后疫情时代，直播是酒店传播、引流非常关键的手段，携程对于其平台直播也是给了足够的推广和宣传，并且能够在酒店直播的时候，吸引流量进入。

（5）其他因素

①特价·套餐

展示窗口的位置较上更容易起到曝光的作用。携程套餐目前是携程重点打造的活动，往往一个套餐价格包含客房、餐饮、亲子体验等内容，一站式服务，更高性价比，客人会更愿意关注与选择，酒店需要重视这个活动。

②超级周末

由于超级周末是特惠订，如果酒店周末出租率较低，建议可以尝试参加此活动，增加酒店的曝光。

③特色精选/亲子房

特色精选是酒店一个不错的选择，在客人没有点击到酒店列表页之前，可以提升酒店曝光效果。

④关键字

包括热搜关键字、品牌、商业区、景点、机场车站、热门特色、热门行政区、地铁站、大学和医院等。需要酒店重视这些关键词，当客人输入关键词后，就可以搜索到酒店，以此增加酒店的曝光量。

⑤价格/星级

价格和星级是直接影响客人找到酒店非常重要的因素。尤其是价格因素，不仅敏感还需要设计，携程会根据城市的规模和级别划分不同的价格区间。所以，需要酒店关注本酒店所在城区的价格区间，如果客人搜索价格，你的酒店在搜索区间之内，酒店的曝光量和浏览量就会增加。

以上是酒店提升曝光量五个方法。只有曝光量提升，才能带来浏览量的提升，客人才有机会点击酒店的详情页，最后实现酒店转化率的提升。

2.如何提升浏览量

> 应用场景：酒店提升携程渠道的浏览量

酒店浏览量是指酒店在携程上被查看次数累加的总数量。通常有六个主要因素影响酒店在携程渠道上的浏览量，分别是：

（1）排名/等级

客人进到列表页后有两个因素影响浏览量：

- 排名，即酒店所在商圈位置的排名。酒店在商圈位置的排名比城市的排名更重要，因为客人会先选择商圈或者位置后再选择酒店。
- 等级，即酒店是金牌还是特牌。携程排名优先度规则是从特牌到金牌再到无牌，同等级酒店按照携程综合计算逻辑排名。

（2）酒店所在商圈位置距离

位置距离选项中会有500米内、1公里内、2公里内、4公里内这样的选择。这是客人是否点击进入酒店详情页决定因素之一。

（3）价格/星级

①价格

一般城市有100元以下、100—200元、200—300元、300—400元、400—500元、500—600元、600—700元、700元以上的价格区间。

比如：上海市价格区间为100元以下、100—200元、200—300元、300—400元、400—600元、600—800元、800—1200元、1200元以上。所以，需要酒店尽量要覆盖更多的价格带宽，客人点击进入详情页的概率才会更高，因为你的酒店价格区间覆盖面比较广。

②星级

星级是通过浏览量提升点击率的因素之一。一般分为两星及以下、三星、四星、五星等。无星级酒店，携程以钻的形式表现，如五钻、四钻等。

（4）评分与点评数

评分与点评数会直接影响酒店在列表页上的排名。但并不是评分最高的酒店和点评数最高的酒店排名都是靠前的，这说明在排名上携程是有自己的内在算法，包括智能排序和欢迎度排序。

评分高低与点评数多少是酒店提升浏览量的关键因素之一。需要酒店在评分与点评数方面多下功夫。

（5）欢迎度排序

欢迎度排序中包括好评优先，根据点评分和点评条数综合推荐，携程会按照点评数多到少的顺序排序。其他有低价优先顺序、高价优先顺序、高星优先顺序、直线距离从近到远顺序、步行驾车距离从近到远顺序进行排序。

（6）筛选

携程筛选项包括热门筛选、住宿类型、品牌、房型早餐、设施、点评、特色主题、权益促销、携程服务、支付方式、适用人群等。

其中，热门筛选、点评、房型和早餐都很重要。

酒店需要按照携程筛选内容增加选项，多多益善，这样便于客人筛选，可以较好提升酒店的浏览量。

3. 如何提升点击率

> 应用场景：酒店提升携程渠道的点击率

举例说明：酒店产生1000人浏览量，其中有100人点击进入酒店详情页，点击率即为10%。

影响酒店在携程上点击率主要有如下六项因素：

（1）价格

价格是非常重要且敏感的影响因素。酒店在操作时需要遵循：高价向低价延伸，低价向高价延伸的原则。

酒店在携程上设置价格时要尽可能覆盖更多的价格区间，这样有利于客人找到你的酒店。酒店在设置具体价格时需要参考本商圈热点价格，同时需要考虑客人敏感价格幅度。

比如：酒店原房价为208元，重新设置后为199元，这样设置价格会让更多的客人找到你的酒店，因为携程上有100—200元的价格区间，当客人搜索100—200元价位的酒店时，你的酒店就会被搜索到。

（2）标签

标签越多，被搜索到的概率就越高。比如：亲子房、无烟楼层、自助洗衣、健身房等。只有被客人搜索到,你的酒店才有机会提升点击率。

(3)首图

首图是酒店在列表页中最直接的展示位置,也是最可能给客人留下较深印象的机会。如果酒店是独栋或者单独门脸,图片最好是酒店的整体。如果不是独栋,可以把最漂亮的大堂或最有代表特征的图片作为首图。具体操作需要结合酒店的实际情况,如果夜景灯光比较漂亮就用夜景图片。

(4)政策与促销

比如:延迟退房、免费升级、免费兑早餐、提前入住、欢迎水果、会员专属通道等。

(5)位置描述

酒店位置描述也是吸引客人点击进入详情页的关键因素之一。携程上酒店可以有两个描述位置。

比如:上海酒店位置描述,近外滩·人民广场、近虹桥火车站·虹桥机场/国家会展中心、近外滩·北外滩等。如果客人想入住外滩附近的酒店,那么这样的位置描述则有利于客人点击进入详情页。

(6)酒店特征展示

比如:设有免费洗熨烘干自助洗衣房、商务优选、客房全部配置榻榻米式功夫茶台、配置户外乐园及恒温儿童泳池、亲切有礼的私人管家服务、家庭主题房环境、卫生交通都很方便、休闲商务一体书吧、部分房型可观看东方明珠夜景、沙发的设计很有特色、老洋房、空中花园餐厅尽赏黄浦江夜景等。

酒店这些特征展示会很好地吸引客人,点击你的酒店首图进到详情页,这样才有可能预订下单,尤其有特征的酒店对客人会更有吸引力。

4.如何提升转化率

> 应用场景：酒店提升携程渠道的转化率

转化率是指进入详情页的流量与最终下单支付的客人所占的比例。比如进入酒店详情页有100个客人，最终有30个客人下单或者支付，转化率即为30%。

用公式表示携程渠道的转化率：转化率=（订单量÷流量）×100%。

影响客人转化率高低的因素有如下七点：

（1）图片

客房图片不少于三张专业照片，最好是空间摄影师专业拍照的。

比如：酒店客房全景图片一张，卫生间一张，休闲区一张；如果酒店客房有更多的亮点，可以拍摄更多的图片便于客人查看后确认下单。强调一点，在拍摄图片和修图时不要过于夸赞酒店的设备设施客房多么棒，尽量符合实际情况，遵循可以"美容"不能"整形"的原则。

（2）点评回复

建议酒店专人负责点评回复，点评回复不仅要及时，还要有针对性地回复，同时体现酒店的客观性和专业性，客观真诚，不要出现不礼貌及攻击性语言的现象，因为进入详情页的其他客人也能看到酒店回复的内容。

据不完全统计，有60%以上预订酒店的客人都看差评，所以差评回复是提升转化率的重点工作之一。

（3）政策

提升转化率的政策有七项： 入离时间、儿童政策（包括年龄、床铺、早餐）、宠物、入住方式、年龄限制、预订提示、早餐（早餐营业时间）、支付方式。

在这7项政策中，入离时间很重要，如果入住和离店的时间设定不合理，客人就会犹豫，影响客人预订支付。早餐时间同样重要，很多年轻客人喜欢睡懒觉，所以早餐时间越长，对这部分客人就越方便，很多年轻人比较在乎这一项政策。

（4）促销

比如：限时抢购、两份早餐、优惠（黄金贵宾价/10亿元豪补）等。这样的促销活动也会驱动客人尽快下单，从而提升客人的转化率。

（5）卖点

可以把酒店的介绍及酒店的特点优势进行详细展示，最好录制一个短视频，同时把酒店所在位置、周边商圈、景区景点进行重点介绍，也可以把有特色的房间和早餐进行图文并茂的说明，这样会增强客人下单支付的信心。

（6）问一问

细心的客人会多方面了解想预订的酒店，"问一问"也是了解酒店的一个窗口。

进入酒店详情页，在手机页面的左下方会出现"问一问"功能按钮。酒店可以预埋一些客人常问的问题，然后客观合理真诚地进行解答。比如：预订酒店有优惠吗？酒店有免费的停车场吗？酒店最晚什么时间离店？有儿童用品吗？酒店有吸烟区吗？酒店提供接送服务吗？早餐多少钱？等等。

（7）价格

很多客人进入详情页都是由于看到起价客房的价格，即浏览页最低的价格而点击进入的。所以，在价格的设计上要有一定的阶梯幅度。根据平均房价高低的不同，客人敏感的额度也会不同。酒店可以根据不同房型的朝向、面积、设备设施的新旧及是否包含早餐而设定不同的价格，这样便于客人有更多的选择。

5. 如何才能赢得更多的好评

> 应用场景：酒店赢取携程的好评

OTA渠道比任何时候都重要，这是酒店行业的共识。酒店运营携程时，"好评优先"越来越被酒店重视，因为"好评优先"会给酒店带来更多的流量。那么，酒店如何才能赢得更多的好评呢？

下面三个方面内容供参考：

（1）明确努力的方向

①保证品质

这里的品质包含两层含义：一是酒店的硬件品质；二是服务品质。如果想让客人给5.0分的好评，至少酒店的硬件不能太差，做到客房价格、硬件与服务水平相匹配，这是获得客人好评的基础条件。所以，酒店需要从产品品质和服务品质两个层面进行优化和提升。

②增值和个性化服务

增值服务和个性化服务是酒店赢取客人5.0分好评的通常做法。比如：晚间赠送热牛奶或水果，楼层保洁帮助客人整理衣物、客人感冒送姜汤等。

③及时发现客人的痛点

通过洞察发现客人的痛点并帮助解决，也是获取客人好评努力的方向之一。因为一旦酒店满足或解决了客人的痛点，赢取客人5.0分好评就会水到渠成。

（2）具体操作方法

礼品墙：有些酒店为5.0分好评的客人准备了很多小礼物，把小礼物挂在一面墙上或陈列在橱窗里，让客人直观地感受到只要好评5.0分就有小礼品赠送。

小卡片：当酒店服务人员为客人做出增值服务或个性化服务后，可以通过小卡片提醒客人，为客人做了哪些增值服务或个性化服务，然后留下服务人员的工牌号或者姓名，及时提醒客人，便于客人给出5.0分好评。

特殊客人：对一些特殊客人服务人员可以提供更多的针对性服务。比如：老年人、孩子、孕妇、生病的客人等。酒店前台在安排房间时，要考虑客人对客房的实际需求，老年人需要安静、孕妇需要有阳光等。酒店提供特殊服务，便于酒店获取客人5.0分好评。

及时解决客人的痛点：当客人有需求但不好意思提出时，服务人员通过交流洞察到客人的痛点，只要合情合理，在酒店的能力资源范围之内，服务人员就可以帮助客人解决。比如：客人衣服弄脏无法处理，楼层保洁发现后帮助客人清洗干净。这样获取客人5.0分好评理所当然。

保留电话或加客人微信：客人在入住期间，尽量保留客人电话或加客人微信。一是便于酒店和有遗留物品的客人联系；二是便于酒店服务人员提醒客人离店后为酒店做好评。

（3）制定激励机制

通常酒店对5.0分好评是有激励的，根据字数和图片多少，奖励也会不同。举例说明如下：

- 必须是5.0分点名好评，不得低于20字。
- 20元/条好评出现两个人名字平均分配，两个人以上的不予奖励。
- 一个客人只奖励一次5.0分好评。

表3-1　奖励标准

渠道	奖励标准
携程	奖励员工20元/条
	超过50字并带不低于4张图片的奖励员工30元/条
	超过100字并带不低于4张图片，且带有具体感动服务案例，由部门经理提出，店总审核后交上级部门审批通过后奖励员工50元/条

需要强调一点，不要刻意向客人要5.0分好评，真正通过为客人提供增值服务和个性化服务及帮助客人解决痛点，提升客人的满意度，才是5.0分好评

的价值。

6. 如何做好差评回复

> 应用场景：酒店携程的差评回复

酒店差评回复非常重要，据不完全统计，至少有60%以上的客人看差评后再决定是否预订下单。所以，差评回复不仅要认真对待，还要重视回复内容的质量和方法。

酒店在差评回复时可以参照"三明治法则"进行操作。"三明治法则"起源于19世纪20年代，是美国总统约翰·柯立芝处理下属事务中的一种工作方法。三明治通常是上下两片面包，夹着中间的菜叶和肉馅，由于其内容含义非常像三明治，所以叫三明治法则。

运用到酒店差评回复上，三明治法则通常包括表3-2的三层内容。

表3-2 差评回复

层 次	内 容
第一层	表达道歉、认同、赏识和肯定语言
第二层	酒店优势、特点、亮点描述
第三层	表达祝福、信任和期望语言

比如：某位客人对酒店服务不满意，给酒店打了2.0分。酒店在回复时可以运用三明治法。

第一层：表达道歉、认同、赏识和肯定

首先，无论客人评价的内容是否客观，都要诚挚地向客人道歉，对给客人带来不愉悦的体验深感不安，同时酒店表明会根据客人的评价内容进行整改，让客人下一次入住有一个满意的体验。其次，需要酒店展示优势、特点和亮点。

第二层：酒店的优势、特点、亮点描述

酒店的位置非常好，交通非常便利，不仅仅地铁近在咫尺，还有很多公交车；酒店的早餐非常丰富，很多客人给出5.0分的评价，并且早餐时间从7:00至11:00；酒店客房面积较大，视线和风景非常好；酒店客人入住休息非常安静，家具也适合办公和品茶等。

第三层：表达祝福、信任和期望语言

祝福客人和期望客人下一次光临本酒店。

这样设计差评回复，其目的不仅是满足差评客人的心理诉求，还通过酒店的优势、特点、亮点的描述让看到差评的客人对酒店有更直接的认知，取得通过差评回复引流的效果。

在具体回复差评时，正常的回复没有必要写出几层，但可以按照"三明治法则"的形式进行回复。

7. 常用回复评价语句或话术都有哪些

> 应用场景：酒店在携程渠道回复评价

由于OTA强大的流量支撑，酒店越来越重视客人的评价。所以，回复客人评价是酒店维护客人增加黏性一个非常好的方法。

酒店常用的8种场景回复话术如下：

（1）赞美环境回复

表3-3 赞美环境回复

场　　景	客人对酒店环境赞美有加
语　　句	感谢+表明酒店态度或介绍酒店优势+祝福

示例1：您好！感谢您对××酒店的信赖！真诚地感谢您在百忙之中抽时间赞美夸奖与热情推荐！我们会一如既往地保持殷勤热忱的服务，全心全意让每一位客人享有宾至如归的入住体验！看到您的满意和认可，我们真的非常高兴，真诚期待您的再次莅临！祝工作顺利、生活愉快！记得有时间常回来看看！

示例2：您好！非常高兴您选择入住××酒店，您的评价让酒店的小伙伴顿时焕发出无比的工作热情！同时，很高兴我们能为您提供美好体验的产品和服务。我们酒店交通便利，繁华又静谧，是商旅客人外出的避风港湾。酒店一直努力为客人提供贴心和暖心服务，期望我们能成为您心中的那个家外之家，热诚期盼您下次回家！祝您天天开心、事事顺利！

（2）赞美服务回复

表3-4　赞美服务回复

场　景	客人对酒店服务赞不绝口
语　句	感谢+酒店服务和产品介绍+祝福

示例：尊敬的宾客您好：非常感谢您对我们服务的认可和赞美，为了给您提供更加细致周到的入住体验，为您提供欧舒丹洗漱用品及很多生活必需品。让您在旅途中犹如家一般的舒心与便捷。满意只是起点，服务没有终点。我们会更加努力地用真心、诚心、暖心、爱心为您下一次光临我们酒店提供更好的服务。祝您生活如意、事业顺心！

（3）文艺情回复

表3-5　文艺情回复

场　景	酒店客人在携程上评价之后
语　句	感谢+文艺范语言+祝福

示例：您好！非常感谢您温暖的评价！巴金曾说："美好而又温暖的东西在记忆深处。"记忆中有温暖，温暖中有记忆，沧海桑田，温暖是我们的酒店，也是您评价的语言，温暖沉淀在记忆深处，温暖流淌在我们服务的每个瞬间。希望××酒店是您旅行记忆里永远的温暖！欢迎再一次体验我们真诚又温暖的服务！

（4）提出建议回复

表3-6　提出建议回复

场　　景	客人对酒店提出建议
语　　句	感谢+肯定建议和介绍服务+祝福

示例：尊敬的宾客您好！感谢您的入住及给我们提供为您服务的机会。感谢您的评价，您的建议是我们非常难得的宝贵财富，也是我们不断改进提升的最佳动力，我们将继续努力不断完善各项服务，对您提出的建议我们会及时采纳，我们争取更上一层楼，让每一位客人满意和感动是我们前进的目标，期待能在××酒店与您再次相逢。祝您事业顺利、阖家幸福！

（5）未知原因回复

表3-7　未知原因回复

场　　景	客人并没有说出是什么原因进行的评价
语　　句	感谢+酒店服务宗旨陈述+期待光临/祝福。

示例：当小伙伴们看到客官您点评酒店非常高兴。感谢您对我们服务的评价，您的认可给了我们很大的鼓舞，同时感谢您提出的宝贵意见。追求为客人提供最优质的服务是我们不懈追求的目标。小编认为酒店不在大小，睡个好觉才是硬道理，家不在大小有爱才是幸福。我们一定会在您的鼓励下努力提升，致力于为每一位客人提供宾至如归的入住体验，欢迎您常回家看看！

(6) 对客房不满回复

表 3-8　对客房不满回复

场　　景	客人对客房不满意的评价
语　　句	感谢+解释原因和酒店优势介绍+期望/祝福

示例：您好！非常感谢您的入住与点评！感谢您的宝贵意见！在您入住期间适逢满房游客较多，给您带来的不便敬请见谅！我们马上加强对酒店软硬件设施及服务质量的提升，××酒店有一套完整的客房维修维护保养标准，我们会按照保养计划维护和更新房间环境与设备。酒店位置处于核心商圈，购物和交通非常便利，并推出营养丰富的早餐及××项增值服务，力争让每一位客人入住有更为舒适和便捷的体验，期望下一次您会有一个非常满意的体验和感受，真诚期待您再次莅临体验！祝您万事顺利！

(7) 对服务不满回复

表 3-9　对服务不满回复

场　　景	客人对酒店服务不满意做出了评价
语　　句	感谢/致歉+承诺式的陈述+期待/祝福

示例：尊敬的宾客您好！非常感谢您的评价，虽然没有得到您5.0分好评，小伙伴们心里有些许失落，给您带来的不便我们表示真诚的歉意，但我们仍然希望您有机会再次下榻我们酒店，让您有超5.0分好评的真实体验，不仅会让您满意，还会超出您的预期。您的宽容和理解是对我们工作的鼓舞和支持，也是我们进步的动力，期待您及朋友和家人再次光临！

(8) 对早餐不满回复

表 3-10　对早餐不满回复

场　　景	客人用餐时餐厅人较多的评价
语　　句	感谢+重视/整改措施+期待/祝福

示例：您好！非常感谢您下榻××酒店，谢谢您对早餐提出的建议，因当天有一个大型会议，用餐人数较多，非常抱歉给您带来不便的体验。酒店管理层非常重视您提出的建议，马上组织相关部门对早餐问题进行改善，拿出切实可行的解决方案，让下一次体验超出您的预期。真诚期待您下一次光临！祝您生活愉快！事业顺利！

8.参加优享会的利弊

> 应用场景：酒店是否参加优享会判断

从2018年携程推出"优享会"后，业界一直褒贬不一，利于酒店获取流量，但对酒店长久经营有负面影响也不绝入耳。

参加"优享会"利和弊，从下面三点可以分析判断：

（1）酒店要搞清楚"优享会"是什么

优享会是携程2018年推出酒店参加，在携程上达到黄金及以上会员级别的用户，提供相对应的预订权益的会员工具。由参加的酒店方承担成本，可以对比参照酒店自己发行的会员卡。简单地讲，就是携程对自己一定级别以上会员提供一种由酒店参加并提供的一种会员服务。

（2）加入"优享会"的条件是什么

参加条件：酒店都可以参加优享会。若服务质量分<B或点评分在4分以下，在列表页不显示"优享会酒店"标签。

参加方式：点击即可加入。选择酒店提供的折扣及权益，输入报名手机号，成功加入后即刻生效。

折扣规则：折扣上限为黄金95折，铂金90折，钻石85折。给予低级别会员的折扣不可高于高级别会员折扣。

（3）酒店参加"优享会"利和弊都有哪些

弊端分析：

- 参加优享会后结算价格会比之前低，尤其是遇到携程高级别的会员，酒店到手价较低。
- 扰乱自有会员和其他渠道价格体系。会员级别不同价格折扣也不同，调整价格比较麻烦，各平台之间容易出现调整价格而导致的违规现象。
- 对协议公司客户有一定的负面影响，维护不好容易流失。
- 酒店需要付出一定的成本。
- 参加优享会后由于折扣叠加，有些酒店人员看不懂其规则和算法。

总之，很多排斥优享会的酒店朋友，是因为没有搞清楚优享会的底层逻辑、实际用法和带来的价值，没有搞懂规则、折扣和叠加后具体的价格，对于录入价、底价、卖价、展示价之间的关系没有搞明白。

利益分析：

第一，给酒店带来更多的流量。

参加优享会后酒店在列表页、详情页、订单提交页等都会有额外的优享会标签展示；在筛选项中会有单独的会员权益筛选项；在酒店版块第二屏有优享会酒店独立入口。由于参加优享会增加了流量入口，会给酒店带来更多的流量。

第二，提高酒店客人档次。

携程是中高端商务客人的预订平台，携程优享会会员3亿多人，酒店通过参加优享会进一步优化了酒店的客人档次，因为优享会的会员是携程的核心会员。

第三，利于与携程业务经理搞好关系。

酒店参加优享会，便于与携程业务经理搞好关系。因为携程业务经理的

KPI考核就有优享会参加的酒店数量。

第四，是酒店在携程上形成良性循环必要的措施。

酒店参加优享会或参加更多的活动及使用权益工具，都是为了做更高的销量，酒店收取更多的客人订单，酒店参加优享会后会形成一个较好的良性循环。

总之，携程优享会是一把双刃剑。如果酒店不缺流量，不缺订单，则可以不参加。如果酒店体量比较大或者出租率较低，则建议参加。

9.如何才能做好低价房引流

> 应用场景：酒店在携程渠道低价引流

当酒店市场流量不足及出租率较低时，酒店通常都会在携程上采取低价房或特价房引流，虽然可以起到一定的引流作用，但会拉低酒店的平均房价。

在酒店出租率较低时，如何才能做好低价房引流？有如下五个操作步骤：

第一步：明确目的

引流是目的，低价是手段。在引流的同时，通过设置线下支付较好地实现客人房型升级，减少对酒店平均房价的影响。

第二步：确定竞争对手酒店

线下竞争对手酒店：确定本商圈或本区域同档次、相近规模、相近价格的竞争对手酒店，查看其携程不同房型的价格及展示的相关政策。

线上竞争对手酒店：查看携程同列表页相近档次相近价格区间的酒店，虽然同列表页的酒店不一定在一个商圈或区域，由于同列表页的酒店会分流客人，所以这类酒店也是竞争对手酒店。

第三步：确定价格

在确定低价房价格时需要考虑酒店整体的价格架构，再根据线上和线下竞争对手酒店及本商圈热点价格，确定低价房的房型及价格，可以采取折扣的方式或者采取不含早餐的价格策略。

第四步：操作具体策略

房量控制：确定好房型和价格后，投放房量不要多，让客人看到此房型数量有限，如2间或3间。

支付方式：支付方式只设置线下支付，便于酒店前台现场为客人升级房型。

比如：酒店在携程上低价引流房为368元，其他最低房型价格为418元，当客人在酒店前台支付房费时，前台服务人员可以介绍升级的房型，加价30元升级418元的房型。如果客人同意就支付398元，或者客人犹豫前台告知客人可以赠送一份早餐，如果早餐价格为58元/人，客人感觉升级划算就会实现双赢；如果客人不高兴或者抱怨再按照368元的价格安排低价引流房，以免客人差评。

酒店通过低价房引流，可以获取更多的流量，而不是为了把低价房出售出去。这样就会降低对酒店平均房价的影响。

话术准备：在为客人升级房型时，需要酒店前台准备与客人沟通的话术，有效提升客人升级的概率，减少客人的负面影响。

第五步：当酒店市场流量和出租率提升后，根据酒店出租率高低及时调整携程上的低价房

酒店做低价房引流时，需要重视低价房背后的逻辑及线下操作的细节，才能发挥携程渠道低价房的真正价值。

10. 携程挂牌的规则都有哪些

应用场景：酒店在携程挂牌

携程平台共分三种牌型，分别是特牌（独家）、金牌和无牌三种。

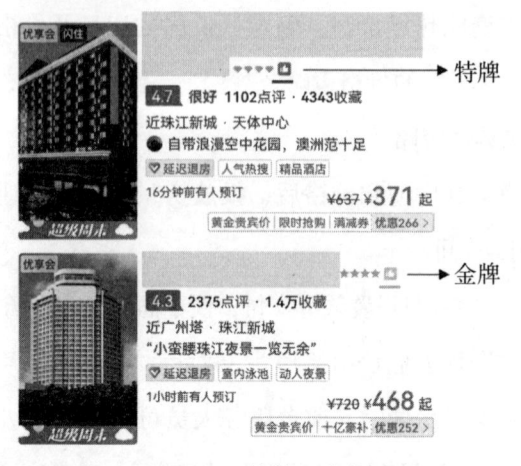

图3-1 特牌、金牌

酒店在携程上挂牌有如下五个规则：

（1）用户满意

表3-11 用户满意

内　　容	标　　准
PSI服务质量分	大于或等于2.5分且诚信缺陷扣分小于2分
点评分	大于或等于4.0分

（2）房源充足

主要是指酒店保留房，高产Top3房型上保留房大于或等于8间，或大于等于酒店总房间数的15%。

为扶持小体量酒店挂牌，平台对房量小于等于20间的酒店，保留房的数量仍保持8间或者全房型的15%标准不变。

（3）信息丰富

表3-12 信息丰富

内　　容	标　　准
酒店合同	预付订房合同书

续表

内　容	标　准
信息分	酒店信息分需达标，4—5星信息分大于等于80分，0—3星信息分大于等于70分

（4）合作紧密

表3-13　合作紧密

内　容	标　准
特牌	与携程开展一级委托分销合作
金牌	与携程开展二级委托分销合作

（5）收益水平

表3-14　收益水平

内　容	标　准
分销运营费	是指提供一定的酒店分销（代）运营费，特牌标准略高于金牌
品质线	当月酒店GMV不低于所在城市门槛线标准

以上为携程挂牌的规则要求，当酒店按照要求挂牌后，如何避免被携程降牌或摘牌，需要酒店关注如下两点内容：

- 品质线不达标会降牌。
- 携程退出协议：PSI服务质量分、点评分、保留房、信息分、实惠度、携程品质线、分销（代）运营费未履约等退出协议

11. 如何利用好携程的标签

应用场景：酒店利用携程的标签引流

携程标签是提升酒店流量与转化率有效方法之一。标签不仅可以帮助客人通过关键词搜索到酒店,实现客人需求与酒店精准链接,还可以帮助酒店覆盖更多的流量入口。同时,可以帮助酒店补充更多信息,准确吸引目标客人,增强下单转化效果。所以,用好携程标签对酒店意义很大。

用好携程标签需要酒店从如下三个方面入手:

(1)认清标签类型

表3-15　标签类型

序号	标签类型	具体细分
1	促销活动类标签	优享会、价格权益标签、10亿元豪补标签、限时抢购标签、××节日特惠/××节日错峰标签
2	信息类标签	星级钻级标签、特色主题标签、酒店类型标签
3	服务类标签	闪住标签、免费行李寄送标签
4	特色房型类标签	钟点房

(2)了解标签申请方法/条件

表3-16　标签申请方法/条件

序号	标签类型	申请方法/条件
1	促销活动类标签	1.常规标签 EBK至促销推广页面,报名参加对应的促销活动或权益,即可获得对应标签 2.头图标签 优享会酒店标签:需要报名参加优享会活动,起价房型参与优享会,无价格劣势,无违规售卖。 红色底部头图标签:在头图底部出现的标签,多为时令类标签,需酒店报名平台当下主推活动。可在EBK至活动报名页面查看。 3.账号条件 携程APP版本需在7.13以上。 查看账号需在已登录状态。 查看账号需满足活动条件。
2	信息类标签	1.钻级 如需申请,参见《酒店钻级评定标准及流程》相关流程。(酒店大学搜索专辑即可获知)

续表

序号	标签类型	申请方法/条件
		2.特色主题标签 此标签是携程结合酒店名称、点评、房型、品牌等属性,按一定规则判定生成的标签。常见的有商务出行、浪漫情侣、亲子酒店、休闲度假精品酒店等。同时会结合酒店设计等其他特色情况上线对应标签。 携程特色主题标签,例如:商务出行、休闲度假等一般是由系统算法自动生成。主要由酒店名称、酒店介绍、房型名称、设施设备、地理位置、用户点评等信息因素计算生成。如相关标签没有标上,可能是酒店相关信息没有维护到位,维护齐全后,相关标签将在第二天生效。部分特色主题标签可联系业务经理进行人工申请。 酒店如对特色主题标签有异议,自身若无问题可联系业务经理,根据酒店实际情况提交申请,由平台进行统一审核,审核通过后方可获取 3.酒店类型标签 除了标准化的酒店类型,还有民宿、酒店公寓、客栈、青旅、农家乐、特色住宿、别墅七种类型标签。只要符合类型定义,就可以申请获得对应类型的标签。酒店可以联系携程业务经理,确认本店是否符合平台对某一类型标签的精准定义与要求,业务经理提交申请后会由平台统一审核
3	服务类标签	1.闪住标签 EBK—签约中心—闪住,申请开通即可 2.免费行李寄送标签 EBK—签约中心—行李管家,申请开通即可
4	特色房型类标签	钟点房标签,EBK—促销推广—钟点房,设定好时段与房型等参与即可

(3)熟知标签展示/位置

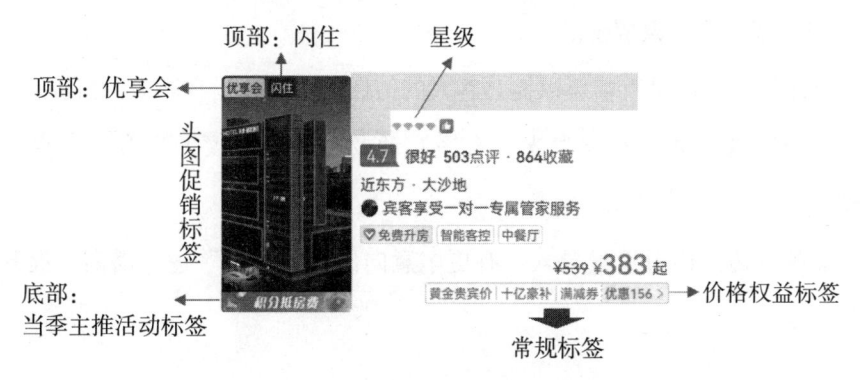

图3-2 标签展示/位置示意图

表3-17 标签展示/位置说明

序号	标签类型	标签展示/位置说明
1	促销活动类标签	1.头图促销标签 优享会：头图顶部 当季主推活动标签：头图底部 2.常规标签/价格权益标签：价格下面 3.APP版促销标签最多只能展示5个，PC版数量不受限制
2	信息类标签	1.星级标签：标签显示为五角星形状，在酒店名称右侧 2.特色主题标签：在头图右侧酒店位置描述下面
3	服务类标签	1.闪住标签：头图左上角或优享会右侧 2.免费行李寄送标签：酒店位置描述下面
4	特色房型类标签	钟点房信息在头图的下边

12. 如何做好携程直播

> 应用场景：酒店携程直播

携程平台直播不仅可以提升酒店曝光率，酒店还可以通过直播实现一定的潜在收益和经济收入。因为携程有强大的流量扶持。

那么，如何才能做好携程直播呢？有如下四点内容供参考：

（1）了解平台直播价值

沉淀客人：通过直播可以提升客人的信任度，实现潜在客人的沉淀。

订单变现：通过有效曝光、直播互动及客人信任度的提升，实现订单变现。

品牌宣传：通过流量导入，有更多意向出行者"逛"进直播间，提升品牌曝光度。

(2）熟悉平台直播流程

①入住流程

表3-18　入住流程

步骤	操作节点	操作内容
第一步	下载携程主播APP	首次打开APP，需打开手机"设置">"通用">"描述文件"或"设备管理"。点击"企业级应用"标题下的开发者描述文件名称，针对此开发者建立信任，并点击确认，即可立即打开APP
第二步	账号登录	主播APP内账号和商品是绑定关系，商家请选择对应的供应商系统账号登录
第三步	直播权限申请	携程主播为邀请制，需要有站内商家身份或站外直播达人认证。点击创建直播间，进行直播权限申请及实名认证。请告知官方运营人员账号名称，官方在三个工作日内进行审核
第四步	上传头像、昵称	点击主播头像位置，可上传头像、修改昵称。注意：昵称需要审核后方可生效（审核时限：30分钟左右），另外180天内仅支持修改一次昵称

（3）直播流程

表3-19　直播流程

步骤	操作节点	操作内容
第一步	开播前试播	建议主播在正式直播前进行测试，在开播页面点击【试播】可生成测试环境。测试直播间不会出现在站内资源位上，仅供主播进行直播前功能调试，测试完毕后，正式开播请使用正式预约的直播间
第二步	直播间信息配置	上传封面、直播间标题、开播地点、开播时间、选择直播间话题、活动和视频预告（视频时长建议为10—60秒　横屏最佳）
第三步	直播间挂货	主播在创建直播间/预告直播间时上架商品，提前挂货将增加商品曝光机会 首先选择要挂货的直播间，然后点击购物袋，最后点击上架商品，商品则加入货架
第四步	开始直播	点击"我的直播"后，找到想开的直播间点击"去直播"，点击"开始直播"后进入正式直播状态
第五步	直播间分享	在直播间点击分享按钮，分享至微信群/朋友圈等私域渠道提升曝光，最后保存海报

（3）策划直播内容

表3-20　策划直播内容

直播方式	主要内容	适合业态	内容建议	
带货类直播	酒店优势介绍，所在城市风土民情；自制商品；土特产；电子券等	所有行业	直播要素	定制货品：价格具有市场竞争力的直播间产品 互动环节：准备秒杀产品、抽奖礼品和优惠券等，提高直播间转化，观众解惑答疑
			直播模式	无限制，根据直播内容选择走播、走播+坐播模式
			注意事项	直播间提前挂货。讲解产品时，配合推送商品卡片，主播引导用户点击商品卡片
种草类直播	景点基本信息介绍；景点亮点介绍；景点游玩线路介绍；景区配套酒店介绍	景区酒店旅行社	直播要素	沉浸式讲解：边走边介绍，带给用户沉浸式游玩体验 突出玩乐特色：选取三处以上特色重点讲解，给用户留下深刻的印象 直播互动：引导客户关注主播并加入粉丝群
	酒店信息介绍 酒店优势介绍 酒店房型特征介绍		直播模式	走播、走播+坐播模式
	游玩线路的基本介绍 线路详细亮点介绍		注意事项	走播使用云台保持画面稳定，避免移动中镜头抖动引起客户观感不适；直播间需提前挂货
慢直播	风景和场景亮点	适合做风景类慢直播的旅业商家	直播要素	镜头清晰无遮挡，符合直播内容的轻音乐，画面展示风景全貌和亮点，可看度高，带给用户沉浸式体验
			直播模式	OBS推流、拉流模式
			注意事项	摄像头及画面技术可用于慢直播，注意室外保持摄像头清晰

图3-3　直播预告

（4）提升直播曝光率技巧

①争取获得官方流量扶持

突出直播标题亮点，种草类突出地点/时令，带货类突出利益点。至少20分钟，推荐时长在1个半小时以上。有实时互动，根据直播进度进行产品介绍和推荐。画面较稳定无频繁晃动，清晰度较好，保障直播间质量。保持规律开播，建议每月开播（至少每月开播一场），未开播超过2个月会影响评级下降。

最后，通过对展示产品服务亮点和打造爆品，提升直播收益。

②参与平台玩法

直播活动：多参加目的地大促活动；节点大促活动；直播IP活动；时令性主题活动。

话题：预约直播间时选择适合的直播话题，话题页面会展示直播中的直播间或者直播回放，帮助直播间获得更多的流量加权。

③做好私域的直播间预热

直播前做好直播间预热，提前分享直播间到酒店私域。比如：通过视频、推文、海报等（推荐海报）等分享形式，引导微博、公众号、朋友圈、社群等目标人群预约直播间。

④获取精准长时间曝光

优质的直播间可以参与获得目的地或详情页小窗投放，吸引更多精准流量和长时间曝光。

（5）直播中互动操作方法

建议直播至少配备两位工作人员，一位出镜讲解，一位手持手机进行跟拍，以及直播后台的操作与设置。

在直播过程中，不建议出镜的主播一直拿着手机看弹幕，粉丝的互动可以由跟拍人员进行反馈，直接读出进行互动即可。粉丝在弹幕上的咨询或问题，可由跟拍人员读出，主播再回答粉丝问题。

前期直播建议走播，设置动线行程，可以从酒店外围开始，慢慢走进酒店大堂、餐厅、会议室、功能区、房间等多场景。

图3-4 走播

如果上线了某个房型套餐，在讲解时，可以在左下角购物车商品链接点击"开始讲解"，这个套餐就会置顶商品页，直播间粉丝会第一时间观看到此刻讲解的房型对应的套餐。

如果酒店周边有特色的建筑、公园、景区等，可在介绍酒店后为粉丝讲解，也可以做户外直播，介绍酒店周边的环境和配套。

在直播时，可添加一些秒杀产品，比如某个房型正常价格299元，直播间秒杀199元，限量5份，时间可以设置在某个时间点（如整点、半点），在快到时间点时，直播中提醒粉丝准备开抢，注意秒杀产品和预售产品都需要发给携程业务经理提交审核（注意：秒杀产品秒完后无法现场再增加）。

图3-5 秒杀产品

主播及跟拍同事，在整个直播过程中需要不断与粉丝互动，建议提前准备好礼品，通过直播间抽奖方式，提高直播间热度，礼品选择当地比较有特色的伴手礼或者酒店用品。

礼品发放后，告知粉丝将不定时继续发放更多礼品，用提前预告的形式留住客人，在整点时发免费房券、免费餐饮、抵用券等奖品，使用奖品吸引粉丝点赞，提高直播间热度。

抽奖礼物要一份一份地抽，效果更好，前期抽奖以增加关注和吸引粉丝群为主，后期以分享直播间为主。

出现中奖粉丝后，需要在直播间温馨提醒他们及时在后台提交自己的收货信息，直播结束后，按规定时间提交发货信息，以防限制直播功能无法获取信息（可在携程主播APP直播抽奖页面获取客人信息发货）。

第四章
美团与飞猪渠道营销策略

1. 如何做好酒店的排序

> 应用场景：酒店优化美团排序

由于排名靠前会帮助酒店引入更多的自然流量，可以提升酒店在美团平台上的订单量和营业收入，所以做好排序是酒店上线美团平台的重要工作之一，酒店做好美团排序需要从如下三点入手：

（1）认清排序类型

表4-1　排序类型

序　号	排序类型
1	智能排序
2	直线距离，从近到远
3	好评优先，根据点评分及点评条数的综合数值进行排序
4	点评数从多到少
5	低价优先，高价优先
6	欢迎度排序

（2）了解影响排序因素

①用户因素

用户是否收藏、看过、住过、是否关注。

美团平台会依据客人的浏览行为进行数据分析，在美团APP首页下方推荐一些比较合适的酒店给客人，其标志为"猜你喜欢"文字，这是非常重要的流量入口。

②酒店因素

表4-2　酒店因素

信息	销量	评价	服务	合作
• 酒店介绍 • 设施服务 • 图片质量	计算周期是7天、30天、90天	50条以上评价，差评在可控范围	• 订单确认时长 • 拒单率	• 优势产品 • 参加平台活动 • 保留房

（3）做好排序优化方法

①图片优化

首图：最好是酒店整体图片，或者是夜景模式下的酒店外观图片。

大厅：大堂明亮，家具规整，尽量横向拍摄。

客房：图片明亮整洁，尽量展示客房中所有家具和设施。

餐厅：餐厅整体明亮干净，体现出餐具和特色菜品会更好。

②增加销量

销量越多，排名越靠前。酒店可以采取线下客源转化；预订取消规则放宽；价格灵活可自助改价三种方式提升酒店销量。

③评价管理

美团平台会结合评分和评价条数进行酒店排序。

酒店可以采取增加增值服务和个性化服务的方法，鼓励客人好评；同时及时回复有疑问的客人评价；最后做好客人期望值管理，这样容易提升客人的满意度。

④及时接单不拒单

拒单影响：酒店如果连续发生多次拒单，将会严重影响酒店排序，这样情况酒店排序会靠后。所以，酒店要强化培训，做到及时接单和不拒单。

及时确认订单方法：需要酒店员工熟练使用美团平台系统——EB后台和APP；客人预订成功5分钟之内确认订单。

不拒单方法：有空房全部开放，和美团签订预留房，培训员工不要随意拒单。

2.如何提升酒店HOS指数

应用场景：酒店提升美团HOS指数

提升酒店在美团平台HOS指数需要从HOS指数的作用、HOS指数的构成及HOS指数优化方法三方面入手：

（1）HOS指数作用

HOS指数是评测酒店经营管理及运营管理的关键数据。酒店通过HOS指数可以及时发现经营问题，针对性地优化指标内容，提升酒店的流量和销量。同时，酒店通过HOS指数的提升也可以获得更多的权益，比如广告位权益银冠、金冠和黑金冠权益等。

（2）HOS指数构成

表4-3　HOS指数构成

序号	指标类型	指标内容	单项得分
1	酒店信息	酒店资质	5.0
		酒店发票	5.0
		酒店图片	5.0
		酒店描述信息完整度	5.0
2	服务质量	5分钟确认率	5.0
		拒单率	5.0
		用户综合评分	5.0
		差评维护率	5.0

续表

序号	指标类型	指标内容	单项得分
3	经营产能	预订消费间夜	0.0
		营业额	0.0
		预留房消费间夜占比	5.0

（3）HOS指数优化方法

HOS指数是评估酒店经营体系的综合水平指标，满分为5分。酒店可以通过加分项的任务完成获得最高0.5的加分。

对于酒店运营人员来说，想要获取更多的权益，就要获得更高的分数，HOS指数的11个指标中每个指标都可能拉低总分，所以优化HOS指数中每个指标都很重要。具体优化详见表4-4。

表4-4 优化HOS指数

序号	指标类型	指标内容	优化方法
1	酒店信息	酒店资质	打开美团平台PC端，点击信息管理中的酒店信息，找到附加信息，就可以找到酒店资质信息维护，按照要求填写或上传资质即可
		酒店发票	打开美团平台PC端，点击信息管理中的酒店信息，找到附加信息，点击酒店发票信息维护，进入后按照列表项选择即可
		酒店图片	当月酒店线上展示图片的数量。保证酒店图片达到或超过美团平台规定的数量。大数据统计得出酒店图片数量越多，带给客人的浏览量越高
		酒店描述信息完整度	打开美团平台PC端，点击信息管理中的酒店信息，分别完善门店信息、图片信息、房型信息。其中，门店信息包含酒店基本信息、酒店政策和酒店设施。酒店按照美团平台要求完善即可
2	服务质量	5分钟确认率	5分钟确认率=（5分钟内处理的预订订单量÷总预订订单量）×100%。5分钟内确认订单可有效减少客人取消订单的数量，增加酒店销量和收益
		拒单率	拒单率=（预约失败订单数÷预约总订单数）×100%。如果酒店满房，应马上点击房态管理，及时跟进房态，避免拒单现象发生

续表

序号	指标类型	指标内容	优化方法
		用户综合评分	当月酒店用户综合评分以当月酒店最后一日的线上数据为准。 酒店通过优质服务和赠送礼品邀好评，沟通交流邀好评，并需要及时关注后台客人评价。酒店可以通过增加更多的服务项目，及时做好美团客人的个性化服务，以此来提升客人的满意度，最后获取更多的好评
		差评维护率	酒店要保证有消费间夜。酒店须及时查看客人评价，及时回复客人差评，否则会严重影响销量
3	经营产能	预订消费间夜	预订消费间夜是指当月酒店最终确定并接待美团平台客人入住的预订产品间夜量。即客人真实在酒店消费过的预订间夜量。 酒店可以推出特价房或小时房等提升间夜销售
		营业额	当月酒店产生的消费额体现酒店当月的真实经营状况，是衡量酒店经营管理水平的关键指标。酒店可以通过参加促销活动和营销活动提升酒店营业额。同时，需要及时调整酒店库存，科学调整酒店价格，不拒单、不切客
		预留房消费间夜占比	预留房是酒店给美团平台提供的预留库存，美团平台会优先推荐客人购买预留房，预留房越多酒店获得的流量和销量机会就越多。 保证当月每天平均预留房在10间以上

3.参加哪些主要促销活动可以提升销量

> 应用场景：酒店参加美团促销活动时

　　美团平台促销活动比较丰富，主要有自助活动、优美会、参加公益活动及购买推广通等。酒店可以根据实际的经营情况，库存、出租率和价格因素来选择参加促销活动。在参加促销活动之前，需要了解各项促销活动的相关内容，展示位置及规则，并对参加活动的结果进行预估并及时跟踪各项活动的数据，便于及时调整所参加的促销活动。

主要有四大促销活动可以提升销量，具体内容如表4-5所示。

（1）自助活动

表4-5　自助活动

序号	活动名称	活动价值/方法	展示位置/标签
1	首住折扣	刺激酒店新客购买，首次入住客人享受优惠，有效引流酒店新客源	促销标签、优惠筛选、促销频道
2	今夜特价	甩卖午夜尾房，有效抓住夜间客源提升销量，酒店可设置每晚16:00—次日6:00点开售	促销标签、优惠筛选、促销频道
3	天天特价	酒店保持低价优势，天天有低价房型，全人群、全时段，可以全天候进行低价引流	促销标签、优惠筛选、促销频道
4	连住优惠	有效捕获和赢得客人连住下单，有效提升平台销量	促销标签、优惠筛选、促销频道
5	早订多减	提早抢客，提早锁定收益，降低酒店销售压力，便于做好收益管理	促销标签、促销频道
6	限时特惠	酒店自定优惠时段，限时惊爆价格，房型折扣由酒店自行设置，便于做好收益管理	促销标签

（2）优美会

①优美会规则

促销说明：优惠金额由酒店方承担，酒店选择的折扣会对应到酒店所有报名日历的房型，且与其他促销优惠叠加计算。

退出说明：酒店可在EB后台申请退出，退出时会员折扣和权益将一起退出，申请退出需经审核，审核通过后退出即时生效，审核被驳回后恢复报名状态，酒店可以随时重新发起申请。

参与条件：全部酒店都可以参加，若HOS分为3分以下，展示位置不会出现"优美会酒店"标签。

折扣规则说明：报名要求——白银95折起、黄金90折起、铂金90折起、钻石85折起，低级别的会员折扣不可高于高级别会员。

②参加优美会益处

优美会报名完成后，初始状态为同时参与会员折扣促销计划，折扣与酒店优美会报名折扣一致，酒店会获得更多额外流量，场景覆盖美团多个业务场景，包括但不限于新客、机票、火车票、汽车票、外卖等交叉用户。

③参加优美会流程

点击报名，选择参与门店、提供折扣及权益、输入报名手机号、成功加入后即刻生效。

（3）公益流量

①参加条件

加入公益商家计划，每笔订单捐0.1元，解锁多项权益。

②获取权益

酒店可以获得一项HOS加分、一个筑梦头图和提交订单展示的机会。同时，平台还会有月公益日、列表快筛、主页标签、专属卡片和公益档案流量的倾向。

③参加流程

点击促销推广—点击获得公益流量—点击页面下端闪动黄色按键（闪电开通获得公益流量）—验证身份—填写信息。

（4）推广通

①正确理解推广通

推广通是一款为酒店量身定制帮助酒店推广付费的营销工具。推广通按照实际有效点击计费，免费曝光，不点击不收费，其广告曝光展示全部免费，只在被客人实际点击后计费。

②购买推广通的好处

推广通通过全面覆盖美团平台移动端和PC端为酒店提供丰富多样的展示位置，从而达到提升酒店排名、获取更多曝光和增加酒店销量的效果。

比如：首页"猜你喜欢"、搜索内容广告位和酒店页面底部广告位都是推广通展示的形式和位置。

③开通推广通流程

登录美团PC端—点击广告营销—点击推广通—新建推广（充值）—选择门店—设置（广告金额、充值金额、使用优惠和支付方式等）。

虽然酒店参加以上促销和营销活动都可以提升曝光率，但由于参加的时间不同、活动类型不同、投入不同、酒店房型和价格差异，最终提升销量的效果差异也很大。

4. 如何通过优化MCI提升酒店流量

> 应用场景：酒店优化飞猪MCI指数

通过优化MCI提升酒店流量需要从理解MCI入手，了解MCI指标结构、MCI指标优化操作方法，具体内容如下：

（1）MCI指数

飞猪中MCI指数，是指酒店运营综合数据，包括酒店基础信息、服务能力、产出能力、营销能力等。MCI由数不清的因子组成，其推出是对部分重要关键因子进行一个量化的标准，帮助酒店清晰量化各个关键指标，通过这些关键指标的优化，增强酒店获取流量的能力，也是提升酒店流量的一个重要途径。

（2）MCI指标构成

表4-6　MCI指标构成

指标项	指标
基础信息	信息完整度

续表

指标项	指　　标
服务能力	闪电确认率
	酒店点评分
	差评回复率
	拒单率
	三免服务分
产出能力	销售金额
	销售间夜
营销能力	营销参与度
	营销间夜占比
	间夜增长
产品质量	有房率
	可退改占比
减分项	基础信息描述不符
	订单查不到

（3）MCI指标优化操作方法

MCI指标优化共6大项14个指标，每项指标按照评优标准优化，酒店就会获得更多流量，帮助酒店提升出租率和营业收入。

①基础信息项

表4-7　MCI指标基础信息项

指标	定义	评优标准	优化方法
信息完整度	酒店及房型基础信息完善： 1.酒店图片（酒店所有类型图片，包括房型图片） 2.酒店信息（酒店基础营业信息；预订须知；热门设施服务；前台礼宾服务、商务服务等其他设施和服务） 3.房型信息（房型图片；房型基础信息；房间热门设施；基本设施、配套电器家居等其他设施&和服务）	1.优：完整度=100% 2.中：100%>完整度≥70% 3.差：完整度<70%	全部填写，需要勾选的全部按照实际勾选。注意档次星级和开业时间、装修时间

②服务能力项

表4-8 服务能力项

指标	定义	评优标准	优化方法
闪电确认率	1分钟内处理订单占全部处理订单比例	优=100% 中≥80%	1.建议PMS直连，直连前需要联系业务经理进行评估，不是所有酒店都适合直连 2.如不能直连，需添加普通保留房，打开EBK【数据中心】【生意参谋】【业绩分析】，查看热销房型RP，然后按照1:2添加保留房，保留房自动接单，全部符合条件 3.选择接单方式和多渠道接单方式：建议电脑端语音弹窗+电话语音+电话人工+手机短信+飞猪商家版APP声音和推送，建议使用谷歌浏览器
酒店点评分	消费用户对酒店的位置、卫生、服务、性价比的综合评分	优≥4.9 中≥4.7	这个指标优化是常态工作，建议最低分要求4.9分，新店保持3个月的5.0分
差评回复率	近30天内用户差评回复	优=100% 中≥50%	差评回复参考携程差评回复的方法，遵循三明治法则
拒单率	酒店确认无房订单占比	优=0% 中≤5%	建议控制好房态及时接单，基本原则是当日入住订单半个小时内接单，次日订单一个小时内接单，注意凌晨订单，建议添加保留房自动确认功能
三免服务分	免押金、免查房、免排队综合服务分，消费者评价时打分	三免分≥85分	执行免押金、免查房、免排队。建议提前把发票开好

③产出能力项

表4-9 产出能力项

指标	定义	评优标准	优化方法
销售金额	预订成功的在店房费总金额	优≥1W 中≥2K	影响因素为平均房价和销售量，酒店自己掌控与平衡，也可以通过全场景二维码收取线下渠道的房费，增加销售金额

续表

指标	定义	评优标准	优化方法
销售间夜	预订成功的在店总间夜	优≥30 中≥9	大约日均2间夜，如果没有达标可以多参加促销活动，或者线下引流到飞猪下单

④营销能力项

表4-10 营销能力项

指标	定义	评优标准	优化方法
营销参与度	参与的提前订、连住、立减的营销活动数。	优≥3个 中≥1个	不同房型RP覆盖三种活动，按照评优数值目标达成标准操作即可
营销间夜占比	参与的提前订、连住、立减的营销活动销售间夜占比。	优≥80% 中≥30%	参加红包立减活动： 每个房型发布3个RP，标准价、连住价、提前订价。如果考虑平均房价较低可以设定最低立减5元，连住和提前订可以通过【日常优惠促销】配置折扣或者其他固定金额，重点关注热销房的配置
间夜增长	同比上一个考核周期的间夜增长倍数，前提是销售间夜≥30	倍数≥3倍	新店和销量差的酒店加分机会

⑤产品质量项

表4-11 产品质量项

指标	定义	评优标准	优化方法
有房率	每日可售房型占比	优≥70% 中≥30%	提价不关房，升级房型，做好保留最高价房型，除非满房，否则需做到有房可订
可退改占比	可免费取消或者在入住当日18:00前可免费取消的订单占比	优≥40% 中≥10%	1.此指标是A和S级推荐的关键指标，也是很多酒店MCI总分达到的标准 2.建议免费取消订单，房量紧张时可选择18:00或20:00可取消或部分高端房型不可以取消 3.建议设置区分日期进行担保类型，设置18:00前可随时退，不清楚可以联系业务经理设置

⑥减分项

表4-12 减分项

指标	定义	评优标准	优化方法
订单到单查无	酒店的违规违约行为，判定酒店责任、查无订单	第1笔扣3分，第2笔及第3笔扣5分，第3笔以上扣10分	做好相关设置，避免订单到单查无，不要存在侥幸心理，不要触碰底线

5.如何通过文字信息优化提升转化率

应用场景：酒店优化飞猪文字信息

由于酒店在飞猪上展示的文字较多和零成本因素，所以容易被酒店忽略一些信息。客人的关注点不同，一个信息的忽略，可能都会导致或影响客人预订下单。飞猪文字信息优化分为两个方面：

一是基础信息：酒店名称、酒店地址、星级钻级、酒店政策和设施服务。

二是房型信息：房型名称、房型信息、设施服务和售卖信息。

优化文字信息建议如下：

（1）基础信息

①酒店名称

表4-13 酒店名称

优化项	优化建议
名称优化	容易辨认、容易记忆、容易说
	通过语音测试、手机拼音测试、搜索引擎测试
	品牌名+流量词+转化词
忌讳	忌讳多音字、忌讳生僻字、忌讳超长名字、忌讳生造词

续表

优化项	优化建议
加后缀	酒店名称+【机场店】，酒店名称+【城市地标】
慎改名	新名称图文要相符，新名称后加常用名（新名称+曾用名）
优化操作路径：EBK后台—酒店信息维护—酒店和房型信息—修改标准酒店信息	

②酒店地址

表4-14　酒店地址

优化项	优化建议
地址精确	具体到路名、街名及门牌号，××路××号
	无法核实门牌号，可附注指示性信息最多可填两个
位置参照	酒店介绍中增加参照位置的信息
	点评回复中加入位置亮点信息
	问大家环节，对位置问题进行补充
优化操作路径：EBK后台—酒店信息维护—酒店和房型信息—修改标准酒店信息	

③星级钻级

表4-15　星级钻级

优化项	优化建议
酒店星级	持有文旅部颁发星级证明的酒店，在后台上传星级证明图片即可
酒店钻级	若无星级认定，飞猪结合酒店硬件设施及酒店服务，按五星级—豪华、四星级—高档、三星级—舒适、二星级及以下—经济进行分类
说明	性价比高的酒店是很多客人选择酒店的心理因素，所以会按照星级由高到低筛选，高星级酒店会获得更多流量，酒店尽量往高星级和钻级靠拢
优化操作路径：EBK后台—酒店信息维护—酒店和房型信息—修改标准酒店信息	

④酒店政策

表4-16　酒店政策

优化项	优化建议
入离时间	入住：一般为14：00，淡季适当提前
	离店：一般为12：00，淡季适当延后

续表

优化项	优化建议
接待政策	若酒店有旅游（涉外）营业许可证，把可接待外宾勾选上，抓住这个机会获得额外流量
宠物政策	尽可能提供宠物配套设施服务，飞猪列表页有可携带宠物筛选项，既能提升转化，又能收获好评
洗漱用品政策	尽可能免费提供，如特殊情况不能提供，应补充说明
支付方式	提供更多支付方式，支付方式会影响最终转化
加床政策	尽可能允许加床，可通过收费加床的形式增收，同时满足更多客人需求
儿童政策	尽可能满足亲子客人需求，可适当添加儿童洗漱用品、书籍和儿童玩具等，适当放宽儿童政策限制
入住方式	尽可能提供多元化入住选择，客人选择越多，下单转化的可能性就越高
其他入住须知	部分酒店位置独特，位于海岛要坐船、位于山顶要坐缆车等，凸显酒店位置优势
说明： 1.可对以上相关点进行补充说明，如酒店服务政策、收费政策等。 2.从酒店详情页到订单填写页都会展示酒店政策。很多客人会在提交订单前，由于酒店政策不合适取消下单，好的酒店政策能够提升转化效果。	
优化操作路径：EBK后台—酒店信息维护—酒店和房型信息—修改标准酒店信息	

⑤设施服务

表4-17　设施服务

优化项	优化建议
客人APP展示	热门设施、前台服务、餐饮服务、通用设施等
EBK后台	前台/礼宾服务、商务服务、交通服务、餐饮服务、儿童设施/服务、酒店通用设施/服务、休闲娱乐设施/服务、康体设施/服务
优化遵循原则：完整、准确、及时	
优化操作路径：EBK后台—酒店信息维护—酒店和房型信息—修改标准酒店信息	

（2）房型信息

①房型名称

表4-18　房型名称

酒店类型	床型	优化内容	
		形容词	转化词
商务酒店/酒店公寓	大床房/双床房/家庭房/商务房/亲子房/Loft/套房等	1.特惠、特价、经济、特色等 2.精选、精致、精品、优选、舒适、雅致、温馨、雅居等 3.高级、商务、商旅、优享等 4.豪华、轻奢、甄选等 5.行政、尊享、至尊、奢华等	1.景观：山景、江景、海景、湖景、临溪等 2.地标：东方明珠、小蛮腰等 3.隔音：安静、舒睡等 4.床型：超大、圆床、大床等 5.其他：露台、会客厅、浴缸等
度假酒店/民宿/客栈	大床房/双床房/家庭房/商务房/亲子房/Loft/套房等	静夜、木槿、半夏、云情、云游、云栖、云居、云雨、云溪、云逸、云隐、日光、山茶、青云、青风、青雨、春涧、暗香、南竹、麦浪、稻香、星空、望山、伴竹等。	1.景观：江景、海景、湖景、园景等 2.地标：东方明珠、小蛮腰等 3.有阳台露台 4.有独立庭院、独立花园等 5.有亲子设施：森林木屋、滑梯、动画人物等 6.有汤池温泉等 7.有书房 8.有浴缸
房型命名公式：形容词+转化词+床型			
忌讳：房型名称过多，房型名称过长，名称难理解，名称过于花哨			
优化操作路径：EBK后台—酒店信息维护—酒店和房型信息—新建标准房型			

②房型信息

表4-19　房型信息

优化项	优化建议
房型基础信息、客房景观、基础设施、卫浴设施/用品、媒体科技	准确、完整、及时

③设施服务

表4-20　设施服务

优化项	优化建议
房型基础信息、房间热门设施、基础设施、配套电器/家居、卫浴用品、媒体/智能设备、安睡设施、客房配套和客房景观	准确、完整、及时

续表

优化项	优化建议
优化操作路径：EBK后台—酒店信息维护—酒店和房型信息—修改标准房型设施管理	

④售卖信息

表4-21　售卖信息

优化项	优化建议
早餐政策	酒店可按入住人数提供不同早餐份数，按照早餐份数来设定房间价格：无早价/单早价/双早价
订单类型	主流订单类型分为预付、信用住和现付三种 价格设置从高到低：信用住（先住后付）＞到付（到店付款）＞预付（先付后住，影响客人下单），这样设置是站在客人易于下单角度考虑的
退改规则	飞猪目前有四种主流退改规则：任意退/限时退/阶梯退/不可退。同一房型设定的取消政策越严格，售卖的价格通常越低
增值权益	例如：贵宾专区、老客专享、特色服务权益、赠送券类、赠送餐饮等
说明：每个房型都可以根据早餐政策、订单类型、退改规则的不同，包装出多个不同类型的售卖产品。	
优化操作路径：EBK后台—房价库存管理—管理房价和库存—发布产品	

由于酒店信息优化内容较多，所以容易造成酒店信息遗漏。同时很多客人在下单决策时会看对应的信息，所以酒店在信息优化时需遵循：全面、完整、准确、描述得体、及时更新的原则，便于提升订单的转化率。

6. 如何做好图片优化提升转化率

应用场景：酒店优化飞猪图片

酒店优化飞猪图片可以从如下四个方面入手：

（1）认清维护图片价值

从酒店、流量及转化率的视角看优化图片有如下价值：

- 提高流量：高质量图片会吸引更多客人点击。
- 提高转化：高质量图片容易促成更多客人交易。
- 曝光加权：图片数量是MCI考核项之一，MCI≥8分，曝光加权8%；MCI≥9分，曝光加权20%。

（2）增加图片数量和点评晒图

①增加酒店图片数量

图片总数：大于30张，MCI分值提升，增加曝光机会。

房间图片：4张以上多角度图片，房型之间不要用同一套图。

其他图片：酒店外观、公共区域、餐饮、周边等区域。0—3星，每个类别≥3张，4—5星，每个类别≥5张。

②增加客人点评的晒图

带图片的点评，有机会获得系统优质点评标签，提高酒店转化率。

鼓励客人图文并茂的点评，酒店可以用一些活动激励客人分享和点评。

有特征的酒店、度假景点类酒店和民宿类酒店可为客人提供免费拍摄服务，酒店组织培训员工提升拍照技巧，以便为客人拍摄精美照片。

（3）提高图片质量方法

①五大类图片

表4-22　五大类图片

类别	拍摄位置/对象	方法/内容/要求
周边	周边景点	热门景区、网红景点、城市地标
	周边配套	附近商场、医院、车站、银行、路标等

续表

类别	拍摄位置/对象	方法/内容/要求
外观	豪华型酒店外观	酒店整体外观图片，例如整栋楼，尽可能包含白天和夜晚
	经济型酒店外观	酒店门头照，酒店入口的外景等，图片要干净整洁，不要出现无关车辆及行人
	民宿客栈外观	主要拍摄整体外观，例如庭院和景观，拍出特色亮点
公共区域	大堂	拍摄大堂整体形象和亮点，大堂设施设备、特色服务和家具等
	前厅	酒店正常营业的状态下，不同角度和不同时段拍摄
	休息区	客人休息的区域
	服务场景	客人办理入住时的服务场景、服务员打扫卫生场景，需签肖像权协议
房间	房间整体	包含床型的整体图片，多角度拍摄
	房间窗户	是否有窗户的体现，窗户的采光、布局、类型
	房外景观	从内向外看的山景、海景、湖景等
	卫生间	卫生间的布局，浴缸、马桶、洗浴用品、淋浴设施、镜子等细节
	房间装饰	壁纸、装饰画、灯具等
	房间设施	电视机、沙发、书桌、空调、智能设备等
	房间细节	欢迎礼品、问候卡片等
餐厅/会议	餐厅整体	餐厅入口、公共区域、包厢等
	餐厅细节	餐厅餐具、绿植、菜单、特色菜品等
	会议室	会议、婚宴、年会等整体照，会议物料摆设完整细节等

②专业拍摄注意事项

表4-23 专业拍摄注意事项

拍摄事项	要求/注意事项
拍摄时间	避免特殊时间段拍摄，特殊时段的照片不适合在网上常年展示，白天的图片和夜景图都要拍摄
拍摄对象	酒店应提前罗列拍摄清单，提前清除拍摄范围内的障碍物。和摄影师沟通拍摄要求，拍摄完成一段及时查看所拍照片，把握好图片拍摄的质量
后期修图	避免过度修图导致图片失真

③业余拍摄注意事项

表4-24　业余拍摄注意事项

拍摄事项	要求/注意事项
外观拍摄	外观一般要拍摄酒店门头。外部环境较差的酒店，可选择夜晚拍摄。若拍摄主题为整幢楼，需要上下留白，将酒店置于图片中间
客房拍摄	拍摄时要保持镜头平稳，可在房门入口或窗户边两个角度进行拍摄，图片要保证横平竖直。如果光线较弱，可以打开灯光，不要逆光拍摄，避免图片过亮或过暗，后期可通过软件适当调整亮度
公共区域拍摄	拍摄公共区域全景或比较有特色的地方，如大堂、特色装饰图等，要保证光线充足，图片中无杂物

（4）图片选择技巧

表4-25　图片选择技巧

图片位置	选择条件	具体内容
酒店首图	选择	建议豪华型酒店使用建筑主体或门头照展现豪华程度。经济型酒店如果外观普通，可使用大堂或者客房图片展示
酒店首图	差异展示	同一列表页酒店可在规则范围内进行差异化展示，例如首图带山景、湖景等
酒店首图	测试	上传后关注酒店数据，EBK后台—数据中心查看流量及转化率情况，通过数据判断首图选择是否合适
房型首图	选择	挑选合适的图片作为房型首图，挑选的图片尽可能体现出该房型特色及房型整体面貌
房型首图	展示	房型首图展示与名称需要吻合，如高级海景大床房，图片最好展现海景，让客人快速产生信任

【案例】26天把美团点评从4.3分做到5.0分的步骤和方法

凯达·金连海酒店位于兰州市红古区政治、经济、文化中心——海石湾镇华龙广场。酒店共计客房85间，酒店前临红古区委、区政府和109国道，背靠青藏铁路和兰青高速公路，附近有大型企业——兰州炭素公司、民和镁厂、兰州铝厂等；周边的旅游胜地有青海的塔尔寺、甘肃天祝的天堂寺、森林公园——吐鲁沟，国内保存完整的土司——鲁土司衙门等。

图4-1 凯达金连海酒店

（1）酒店现状

兰州市红古区金连海酒店共计85间客房，加盟甘肃凯达连锁酒店品牌时，该酒店美团外网评分为4.3，凯达酒管团队用时26天，经过6个步骤，有效提升了凯达·金连海酒店美团外网点评分数。

（2）步骤方法

第一步：系统优化

凯达团队在进驻酒店接管以后，首先优化了美团外网所有的房型照片，包括图片展示、修饰、选角等，做出了全方位的照片优化。

第二步：活动梳理与覆盖

凯达团队进行了活动的全方位覆盖与梳理，门店线下也配合大美卡拉新冷启动，进行了凯达金连海酒店的美团流量提升，酒店美团订单开始逐步提升，让酒店前厅部门有机会使用凯达点评转化六步曲来转化美团的五星好评。

第三步：任务安排

店长进行月度工作部署，按照美团好评总基数进行分工安排，由金连海酒店店长助理许珍负责带领前厅部其他同事完成，许店助在接到任务后，将任务从每周分解到每日，再分配到每个班次，同时召开部门全员参加的目标冲刺会议，分别从员工的意识层面、执行层面两个维度入手，进行了全员关于点评数据工程重要性的认知培训与工作安排。

第四步：机制保障

凯达金连海酒店张店长在点评数据冲刺工作中，设立了专项团队积分激励，设立周好评转化冠军奖，双重激励，多层触发员工的冲劲与执行力；目标就是全盘提升全员参与的积极性，再结合凯达公司的团队竞赛机制，参与凯达公司门店间的点评转化竞赛，无形中团队间的竞赛机制也刺激了金连海团队的工作积极性。

第五步：过程跟进

除目标任务分工与积分制激励外，店长带领管理层，通过晨会和适时督查形式，及时反馈点评数据，不断跟进既定指标的落地达成情况，发现问题及时改进。

第六步：关键节点

此项工作实施过程中，凯达·金连海酒店前厅部员工结合自身每天的工作任务，高效率地执行凯达点评转化六步曲操作标准，掌控与实施点评转化"关键节点"：抵店前问询引导，抵店后宾客体验度及时关注询问，离店时体验度再次询问与点评转化话术应用等，全力以赴执行，每天美团五星好评转化率从30%提升到一周后的60%，最终做到每天90%的好评转化率，并且在这些数据中，品质点评的占比最高达到60%。

（3）成果体现

美团渠道的点评总基数，经过团队26天的积极工作，增长350条，其中带图点评210条，点评分数从初始的4.3分提升到了满分5.0分。

第五章
协议公司客户营销

1.协议公司客户信息如何获取

> 应用场景：营销人员获取协议公司客户信息

传统的协议公司客户开发大多数是扫楼、扫街地推式做法。

今天移动互联网给酒店获取协议公司客户的信息带来很多便利。在具体操作层面，有如下七种主要方法：

第一种方法：与快递公司合作，获取更多的企业准确信息。

第二种方法：参加本地区会展或大型会议，获取更多的企业信息。比如：参加人才招聘会或汽车博览会等。

在招聘会上有很多企业的HR在招聘现场，酒店营销人员既可以通过这样的方式获取更多的真实信息，也可以通过这些信息判断企业的规模、行业属性等，以此分析这家企业是否为开发对象并预测其消费能力强弱。

第三种方法：专业网站查询。营销人员可以登录不同的专业网站查询不同行业的资讯及相关企业信息。

第四种方法：通过客人在酒店前台开具发票，获取企业的真实信息。这种方法很容易被酒店营销人员忽略，同时需要酒店前台员工与营销人员配合，提前做好铺垫工作。

第五种方法：通过企查查、天眼查等专业网站或APP获取更多的企业信息。通常登陆查询企业信息不是很完整的，需要支付一定的费用注册再登录就可以获取企业的全部信息，包括企业具体名称、法人代表、具体地址及电话等信息，这就便于酒店营销人员获取大量的企业信息。

第六种方法：酒店附近企事业单位直接拜访。因为这些单位消费方便，最有可能成为酒店的签约客户，也最有可能发展为酒店的复购客户。

第七种方法：转介绍。一种是协议公司客户订房人转介绍；另一种是亲朋好友转介绍。

以上七种获取信息的形式是酒店营销人员常用的方法。

酒店营销人员通过甄别获取的信息，分析判断和甄选拜访的目标客户，然后根据拜访计划开展开发工作。

2. 拜访前应该做哪些准备

> 应用场景：营销人员准备拜访协议公司客户

凡事预则立，不预则废。

酒店营销人员在拜访协议公司客户之前需要做好充分的准备，这项工作不仅重要，还会影响拜访协议公司客户的效果。

拜访协议公司客户有如下九个方面的准备工作：

（1）个人名片准备

拜访协议公司客户之前需要营销人员准备好名片。对于第一次拜访，出示名片也是介绍自己进一步交流的前提。有时营销人员拜访客户时，订房人不一定在，留下名片及酒店介绍便于下一次拜访。

（2）酒店介绍资料

图册、视频和文字是协议公司客户了解酒店的一种方法，是酒店营销人员拜访协议公司客户必备资料之一。

（3）准备协议/合同

在拜访协议公司客户之前需要准备三份协议（合同），分别是合作协议、长包房协议、会议合作协议。

（4）熟悉合作协议/合同内容

熟悉合作协议（合同）条款内容，尤其是价格条款、服务条款和支付条款。

（5）竞争对手酒店信息

尤其是直接竞争酒店的价格、环境设施、服务内容和优劣势等，需要营销人员提前了解，便于与订房人交流沟通时有的放矢。

（6）随手礼

根据酒店营销费用和当地风俗具体情况而定。

（7）协议公司客户基本信息

尤其是协议公司客户所在的行业信息、所处行业的地位、规模、核心产品、影响力、品牌号召力等信息。酒店营销人员获取协议公司客户信息越多，与协议公司客户订房人沟通话题就越多，也越容易产生共鸣，便于顺利签订合作协议。

（8）话术准备

重要的是开场话术和异议处理话术，这些话术是成功签订合作协议的关键。

（9）着装与公文包

核心是要体现酒店营销人员的职业化和专业性。

以上是酒店营销人员拜访协议公司客户需要提前准备的九项工作内容，具体准备工作还要依据当地协议公司客户的具体情况进行增减。

3.如何回答订房人提出的异议

> 应用场景：营销人员回答订房人提出异议和培训

酒店营销人员在拜访协议公司客户订房人时，订房人通常会提出一些异议，异议的回答不仅是考验营销人员能力与水平，还是签约之前的"关键时刻"。异议回答到位，就有机会与订房人签订合作协议，否则就会影响合作协议的签订。所以，合理回答订房人提出的异议是签订合作协议的重要节点。

无论订房人是理智型的还是高高在上型的，是强势型还是细心型，是外向型还是内向型等，通常会提出如下三点异议：

第一，我们公司已经有固定的合作酒店了，营销人员如何回答？

回答建议：首先确认客户都与哪些酒店进行了合作，然后通过确认的酒店找到双方的优劣势，切忌在沟通过程中诋毁客户已经合作的酒店，根据对比说出自己酒店的优势和特征。比如：早餐非常丰富，酒店位置好，交通便捷，房间面积较大等。

第二，订房人提出你的酒店价格高，如何回答？

回答建议：如果你的酒店价格较高，切记不要回答我们酒店价格不高。比如：酒店价格780元/间夜，或者580元/间夜，或者在商圈酒店中价格较高，在回答时不要否认这个事实。可以委婉地回答。比如：您说得非常对！在周边酒店中我们酒店的价格是比较高的，但是我们酒店为客人提供多种服务，我们酒店有免费健身房，免费提供商务服务等，××公司和××公司都是我们的老客户。

第三，订房人表示本公司没有订房的需求，如何回答？

回答建议：这是一个拒绝的说法。营销人员在面对这样问题时要不卑不亢，可以这样回答：××主任，您可以先留下我的名片，万一您有亲朋好友需要订酒店，我们一样给您协议公司客户优惠价格，如果以后公司真的有客人需要订酒店，我们酒店一会帮助您照顾好您的客人，有什么需要您尽管找我就行。

在沟通现场最好能了解客户真实的想法，然后再考虑是否继续拜访。

回答问题非常重要，营销人员现场反应和沟通技巧更重要。

在与订房人沟通过程中无论遇到什么样的异议，营销人员都不要反驳订房人或者与之争辩，无论订房人有什么异议，都可以使用如下的语句：肯定或认可，但是……比如：张经理，我非常认可您的说法，非常有道理，但是我们酒店真的不一样……营销人员用这样的语句可以做到"以不变应万变"，以此减少双方的误会，提高拜访时签约的几率。

4.签订协议要注意什么

> 应用场景：酒店与协议公司客户签订合作协议与培训

营销人员与订房人谈判过程中搞清楚有哪些因素影响签约，如果能够掌控影响因素，签约概率则会提升。所以，分析影响签约因素不仅重要还很必要。

至少有如下七项因素影响签约，如表5-1所示。

表5-1　签约影响因素

序号	影响因素	影响程度
1	协议公司客户需求大小	无法掌控
2	营销人员沟通谈判技巧	影响程度大，可掌控
3	酒店产品与服务介绍	影响程度大，可掌控
4	合作协议（合同）条款因素	影响程度大，可掌控
5	异议处理技巧和能力	影响程度大，可掌控
6	竞争对手酒店价格与服务	影响程度中，无法掌控
7	时间是否充分	无法掌控

在以上七项影响因素中，有四项因素影响程度大且营销人员可以掌控，这是营销人员签订协议时需要掌控的重点。

第一项，营销人员沟通谈判技巧。

与订房人沟通的开场很重要，需要营销人员提前想清楚，愉快的开场是签约的前提条件。在沟通过程中，营销人员以何种策略和心态与订房人沟通需要提前做好准备，这样营销人员才能更加从容地交流和谈判。

第二项，酒店产品与服务介绍。

营销人员在介绍酒店产品和服务时，需要把酒店的优势和特色产品、配套设施及相关的服务介绍清楚，让订房人更加直观地了解酒店的档次、规模和服务的具体内容，可以以图文并茂或者小视频的方式，让订房人直观地了解酒店情况。

第三项，合作协议（合同）条款因素。

在条款因素中，价格条款、账期条款、酒店所提供的增值服务及限制因素，营销人员需要提前熟悉，便于向订房人介绍协议内容。在价格条款中有些酒店分为淡季和旺季价格，有些酒店全年一个价格，有个别的酒店是按照门市价的折扣价格给协议公司客户，在协议公司客户价格中通常都包含早餐，具体采用哪种价格方式需要酒店结合自身的经营情况及客户接受程度而定。同时，限制因素也很重要。比如：几点退房，是否需要押金等。细心的订房人在签约前会询问这些细节。

第四项，异议处理技巧和能力。

异议处理技巧和能力是决定能否签约的"关键时刻"，请参照相关问题解答，在这里就不一一赘述了。

与协议公司客户签订协议时，虽然有七项影响因素，但其中四项因素是营销人员可以控制的，也是自己能够做好的。只要把这四项因素做好，就会大大提升与协议公司客户签订协议的成功率。

5.如何处理价格异议

> 应用场景：酒店处理协议公司客户价格异议

价格因素对协议公司客户是比较敏感的，如果酒店价格结构设计不合理，当协议公司客户关注酒店价格时，容易引起客户的异议或者不信任，处理不当容易造成客户流失。

当协议客户对酒店价格产生异议后，营销人员如果没有及时跟进解释和沟通，并得到订房人的理解，就会影响协议公司客户对酒店的订单量，最终影响酒店出租率和营业收入。

协议公司客户在什么样情况下对酒店价格会有异议呢？酒店只有找到产

生异议的原因才能"对症下药",解决协议客户的疑问。通常有如下五种情况容易产生价格异议,详见表5-2。

表5-2　价格异议情况

序号	异议内容
1	合作协议中没有明确价格变动的时间和范围
2	酒店在OTA上做特价房,订房人关注到
3	酒店在变更价格前没有及时与订房人沟通
4	订房人错误理解OTA上的酒店价格
5	酒店价格结构比较混乱

酒店要想彻底解决客户价格异议现象的产生,最好的方法是提前做好预防,对上述产生价格异议的情况提前做好应对,以下五点供参考:

- 价格变动前及时与订房人进行必要的说明。
- 在合作协议中明确说明酒店淡旺季的价格及酒店可以用一些特殊房型做低价促销,至少让订房人清楚酒店给他的价格是全渠道最低的价格。
- 一般协议公司客户的价格都包含早餐,在同样价格条件下,协议公司客户的价格还是比较低的,这点需要与订房人介绍清楚。比如:OTA价格与协议客户价格一致,但OTA价格不包含早餐,协议客户价格包含早餐。
- 如果协议公司客户全年一个价格,酒店有时在出租率较低时,会拿出部分房型做特价房或者引流房,尽量避免全部房型大幅度降价,影响酒店平均房价,否则不利于与订房人沟通解释。
- 酒店需要做好价格结构设计,考虑清楚不同季节价格波动带给不同渠道的影响。

酒店在面对协议客户价格异议时,最好的方法是预防为主或者提前沟通清楚，沟通时一定要有理有据，讲究诚信原则，以不影响协议公司客户下单量为宗旨。

6.如何促进协议公司客户下单

应用场景：酒店提升协议公司客户下单量

当酒店与协议公司客户签订合作协议后，协议公司客户下单数量多少是最重要的，都有哪些因素影响协议公司客户下单，梳理清楚这些因素不仅利于酒店做好营销工作，还利于提升酒店营业收入和出租率。

通常有八个因素影响协议公司客户下单数量，如表5-3所示。

表5-3 协议公司客户下单数量的影响因素

序号	影响因素	影响程度
1	协议公司客户需求大小	不可控
2	与订房人关系	影响程度大
3	协议公司客户多人订房	影响程度中
4	订房人产生变化	不可控
5	价格与支付因素影响	影响程度大
6	协议公司客户搬迁	不可控
7	协议公司客户业务变化	不可控
8	酒店营销人员流失	影响程度大

以上八个影响因素中，有四个因素是不可控因素，有三个因素影响程度较大，如果酒店处理好这三个影响程度较大的因素有利于提升协议公司客户下单数量。

因素一：与订房人关系

由于很多协议公司客户会与不同酒店签订合作协议，在某种程度上订房人决定了订哪家酒店，所以与订房人的关系直接影响其下单的决定性因素。酒店需要从如下四个方面与订房人处理好关系：

- 双方信任程度：通过合作，双方慢慢形成一种信任，信任程度越高，关系越稳定，也会保有较好的订单量。在订房人关注的价格和服务方面，酒店要不折不扣的兑现，避免价格浮动订房人产生对酒店的不信任。
- 节假日问候拜访：酒店需要持续维护协议公司客户订房人及上级领导，尤其需要酒店在节假日、重要日期、特殊日子有必要的问候、拜访或礼节性的赠送礼品等。
- 平时维护：日常维护订房人是必不可少的，千万不要"无事不登三宝殿"。日常维护不仅可以增进双方的熟悉度，还会在无形之中拉近彼此的关系。
- 利益关系强度：这点是比较敏感和重要的。酒店可以利用促销活动，用"积分兑换"的方法，不断强化与订房人的关系，用"积分兑换"驱动客户订单量的增加。

因素二：价格与支付因素影响

因为很多企业差旅费是有一定标准的，如果酒店协议公司客户价格超过报销标准，协议客户订单就会减少。另外，部分协议公司客户有账期要求，一般是一个月，如果酒店无法满足，这部分协议公司客户可能就会流失。

因素三：酒店营销人员流失

优秀的和老的营销人员流失可能会带走一部分协议公司客户，所以需要酒店做好客户管理工作，也需要酒店做好协议公司客户信息管理及订房人维护工作。

需要酒店做好营销工作，保持协议公司客户信息对称，及时维护协议公司客户关系，才能保障协议公司客户订单量的稳定及提升。

7.客户开发都有哪些被忽略的机会

> 应用场景：酒店协议公司客户开发

酒店在开发协议公司客户过程中，有些机会容易忽略或遗漏。通常有如下三个主要机会易忽略：

（1）大型企业多部门订房

很多大型企业不是一个部门负责订房，通常是行政事务部门或总裁办、总经办订房。但在大型企业中还有其他部门也可以直接订房，如销售部门和技术部门都是可以订酒店的。当营销人员与订房人签约后，一定不要忽略到相关的有订酒店权力的部门走访和继续沟通，这样就增加了更多的消费机会。

（2）外地协议公司客户开发

通常，酒店营销人员重视开发本地市场，由于外地协议公司客户距离的原因，很容易被酒店忽略。

开发外地协议公司客户有两种方法：

一是直接根据客人在前台开具发票的信息，通过酒店服务人员回访，然后通过熟悉的客人介绍签约合作协议。

二是外地协议公司客户精准开发。

比如：郑州一家精品酒店，地处省政府附近，由于位置因素住店客人到省政府办事非常方便，其客人大多数都是河南省下属地市办事人员。这家酒店通过客人发票的抬头和消费金额统计的结果，得出哪些地市、哪些部门消费频次高、金额多，锁定之后，酒店就可以派专人进行精准开发，这样不仅效率高，还会取得意想不到的效果。这种开发客户的方法容易被有位置优势的酒店忽略。

（3）不要忽略小客户

所谓小客户，就是单次入住间夜数和金额不多，但频次不一定少，从总体营收和间夜数上看是小客户。

通常，小客户容易被酒店忽略。如果酒店重视和开发更多的小客户，会给酒店带来较为稳定的营业收入，可以降低大客户流失带给酒店的经营风险。

8.二次开发策略和方法有哪些

> 应用场景：酒店协议公司客户二次开发及培训

如何理解协议公司客户二次开发呢？

确定协议公司客户已经流失或在相当长一段时间没有消费的客户是二次开发的对象。在时间周期上可以是半年也可以是一年，酒店根据分析判断的结果确定这种客户是否需要二次开发。

具体开发策略和方法有如下五点：

（1）对象甄选

酒店通过协议公司客户的消费时间、频次、金额、间夜数等数据，对客户进行分析和盘点。对曾经消费金额较高和间夜数较多的客户进行流失原因分析，是订房人变化了还是客户已经搬迁，是酒店服务或者价格还是营销人员流失的因素，是平时维护不到位还是客户已经和其他酒店合作等。通过分析的结果找到对应的流失原因，最后列出二次开发的客户名单。

（2）提前准备

酒店营销部门根据客户流失分析的结果制订二次客户开发计划，再按照二次开发客户的名单分配开发任务，提前准备必要的话术及做好针对性的培训。因为二次开发的客户一般对酒店比较熟悉，所以在开发之前营销部门要提炼出二次开发客户比较在意的关键点或者酒店新的服务项目，以此打动客户再一次签约或再一次消费。

二次客户开发计划表如表5-4所示。

表5-4 二次客户开发计划表

序号	客户信息					流失原因	流失时间	营销人员	二次开发时间	开发结果
	名称	订房人电话	订房人喜好	曾消费概况	地址					

（3）预约拜访

最好通过已有信息与客户订房人预约，如果订房人已经变化，可以通过原有订房人了解新订房人情况及沟通方式。如果没有提前预约，拜访就有很大的运气和偶然性。一种情况是客户已经换了订房人；另一种情况是订房人在但没有时间接待。

所以，提前预约或了解客户具体情况很重要，这也是二次开发协议客户成功的必要条件。

（4）真诚邀约

一种情况，订房人还在，营销人员可以真诚邀约到酒店消费体验。另一种情况，更换了新订房人，营销人员可以真诚邀约到酒店体验，增强对酒店的认知和好感，便于营销人员跟踪签约。

在邀约之前需要酒店授权营销人员，否则营销人员会"无米之炊"。

订房人一个人时是邀约最好的时机，营销人员可以提前为订房人介绍酒店新增加的产品或者新服务项目，或者给订房人留下电话及赠送一定金额的代金券，方便时可自行到酒店体验。

只要订房人接受邀约或收下代金券则说明继续合作可能性较大，需要酒店关注代金券的使用情况，一旦有人到酒店消费，营业部门要及时通知负责的营销人员或相关管理者到现场。

（5）跟踪签约

成功邀请是签订合作协议的基础。

订房人在酒店体验后，营销人员准备好签约需要的文件资料，根据时间间隔拜访订房人，听取订房人体验后的意见，回答订房人提出的问题见，并主动提出下一步合作的意向，把酒店价格条款、服务内容、客户案例与订房人逐一说明，直到与订房人签约。

如果订房人没有签约意向，营销人员要分析背后的原因，为下一次拜访提供可靠的依据。

9.维护协议公司客户有哪些有效方法

应用场景：酒店维护协议公司客户

做好协议公司客户维护通常有如下三个维度的工作：

（1）认清维护工作的重要性

维护协议公司客户可以降低酒店的营销成本，提高客户的满意度与忠诚度，也可以稳定酒店出租率，增强酒店的市场竞争力。

（2）确定维护时间

①接待工作后

尤其是新开发的协议公司客户，在客人离店后，酒店营销人员一定要回访，与订房人进行沟通，倾听订房人对客人反馈后的建议，并表示一定会提供更好的服务。同时，不要忽略老客户，关注协议公司重要的客人，不仅要做好接待工作，还要做好回访工作，让订房人在心里产生被重视和被尊重的感觉。

②节假日

重要的节假日，酒店营销人员一定要对订房人进行问候或者登门拜访。

③订房人个人纪念日

比如订房人的结婚纪念日和生日等。

④价格变更前

由于淡旺季及节假日酒店有不同的价格，所以在酒店调整价格前，要及时与订房人进行交流和沟通，让其理解酒店调整价格的合理性和行业规律。

（3）具体维护方法

①电话回访

如果没有时间登门拜访协议公司，则需要电话进行沟通。比如：协议公司重要的客人入住或离开酒店。

②微信方式

日常维护可以用微信，尽量打字，不要用语音，让订房人看到微信内容，并需时刻关注订房人的朋友圈信息，通过点赞或者留言的方式保持较好的交流。

③登门拜访

当协议公司订单量减少或者增加时，需要营销人员登门拜访。订单减少需要分析判断原因，订单量增加则需要感谢订房人。同时，协议公司的重要客人或者订房人的亲朋好友离店后也需要登门拜访，倾听反馈意见。

④利益维护

服务：提供差异化服务或更多的增值服务。

优惠：在价格上给予最大的优惠。

礼品：节日馈赠，随手礼或专属礼品。有些酒店节假日期间发放代金券、特惠券和礼品领取券等。

积分：酒店尽量不要返佣，可以采取积分兑换的方式。

由于酒店情况各不相同，协议公司客户差异性较大，酒店在维护协议公司客户过程中需要因地制宜，不可照抄照搬，以免影响维护协议公司客户的效果。

第六章

新市场开发与新媒体营销

1.酒店会议市场开发方法有哪些

> 应用场景：酒店会议市场开发与培训

视频会议技术的普遍应用对传统酒店会议有一定的影响，传统酒店会议市场开发就凸显重要和迫切性，如何做好酒店会议市场开发，下面四点供参考：

（1）信息获取

酒店会议市场开发信息获取类似协议公司客户，但还是有一定的差别。根本的差别在于会议客户消费频次更低、范围更广，具有本地化特征。很多会议型客户不一定是重点的协议公司客户，但其有会议的需求。

可以参照表6-1进行分析。

表6-1 酒店会议市场开发信息

序号	客户信息		会议频次	会议规模	会议天数	标准要求	贡献排序
	名称	性质					

（2）开发对象

主要的开发对象有会务公司、协议公司客户（企业）、政府部门、保险公司、服务型企业、培训机构和行业协会等。

（3）开发方法

①会务公司

会务公司是要收取一定的佣金，所以酒店在与之合作时，需要考虑成本及会场档期是否合适。

②协议公司客户（企业）

协议公司客户会议需求开发比较简单，重新签署一份会议协议即可，需要明确会议日期、付款方式、会议人数、用餐标准和场地布置等事项。由于协议公司客户一般都和多家酒店合作，需要营销人员提前和订房人沟通，在沟通时深入了解客户会议频次、天数、规模等信息，便于持续跟踪和维护。

③政府部门

作为地级城市的酒店，政府部门可以分为三级：地市级、省级和部级。比如：某地级市一家四星级酒店，通过上级部门介绍，开发部级下属单位会议合作，每年多频次，两个月左右，会议都在这家酒店召开。

如果酒店所在城市的交通、气候、自然景观和人文景观适合度假旅游，则具备开发外地更高层级的会议市场。

对于省市政府部门，一方面看酒店的性质、规模、档次和品质；另一方面社会属性起到决定性作用。比如：某地区一家四星级酒店是政府指定的接待和会议酒店。

④保险公司

保险公司开会主要有两点决定因素：一是方便，二是性价比。其他因素主要是营销人员沟通技巧和能力及与保险公司决策人的关系。

⑤服务型企业

服务型企业有很多，如滴滴、美容美发、健康机构、驾校等。比如：上海虹桥机场附近一家精品酒店，2021年大多数月份都有两次滴滴专车司机的培训。

酒店营销人员可以主动与这些企业沟通，了解会议需求信息，及时跟进以达成合作。

⑥培训机构

培训机构是指以培训为主要收入的机构，与其他客户相比培训机构培训频次较高，但对酒店会场和服务要求也较高。酒店营销人员可以查询当地或者全国性质的培训机构进行开发合作。

⑦行业协会

很多行业协会定期都有不同规模的会议举办，尤其是在行业中有影响力的协会对会场是有较高的要求，也是酒店营销人员不可忽视的开发对象。

⑧读书会

酒店采取免费读书会的形式，聚集当地喜欢读书的人，以此链接有会议需求的客户。

（4）会场设备设施

会议市场萎缩并不代表对会场的要求降低，相反，酒店要想保持或者提升会议的营业收入，需要对会场的设备设施进行改善或者更新，需要从客户的视角优化会场的配套设备设施及提升会议的服务水平。

2.酒店婚宴市场开发策略和方法有哪些

> 应用场景：酒店婚宴市场开发

（1）开发策略

①"截胡"策略

"截胡"是打麻将的常用语，意思是下家"胡牌"被上家先"胡牌"。这样策略需要提前找到客户，达到先人一步的"截胡"。

②捆绑策略

把婚宴、寿宴、孩子满月/百天宴组合打包在一起，给客户以周到和实惠的感觉，便于促进婚宴签约，同时提升营业收入。

③深挖策略

酒店营销人员需要想清楚订婚宴的决策者是谁？如果是年轻人，则在婚宴现场把做好的精美婚宴介绍发送给他们，同时要洞察其关注点，是价格还是环境，是菜单还是服务，然后据此再谈单。如果介绍亲朋好友订婚宴可以给予一定的优惠，在婚宴现场也可以直接挖掘潜在客户。

（2）开发方法

婚宴市场开发不仅要结合开发策略，还需要在方法上有所突破和创新，同时需要抓住关键成交机会点。

具体方法分为外部市场、内部市场和线上曝光：

①外部市场

第一，婚纱影楼。

酒店与婚纱影楼合作是常见的方法，关键在于婚纱影楼是否在意酒店的"分佣"，另外需要酒店营销人员持续跟踪，最好的方法是营销人员可以在婚纱影楼与拍婚纱照的客户有机会交流，这样专业成交的概率就会增加。

第二，婚庆公司。

与婚庆公司合作是比较传统的方法，有的婚庆公司直接在酒店办公。酒店在选择婚庆公司合作时需要考虑婚庆公司的规模、实力和在当地的口碑，是否与酒店档次匹配，因为在场地布置与设备方面需要婚庆公司的实力作为保障。

第三，协议公司客户。

协议公司客户是应用"截胡"策略最主要的"战场"。由于酒店和很多企业都签订了合作协议，所以"截胡"策略更方便。

酒店营销人员经订房人介绍去拜访HR部门负责人，介绍酒店可以为其员工提供更加优惠的婚宴服务，也可以把这样的优惠作为企业年轻员工的一项福利。

②内部市场

酒店内部市场主要是两个方面：一是做全员营销推广婚宴；二是在餐饮公共区域及收银台展示酒店婚宴介绍等信息，这样可以做到内外结合。

内部市场应用"深挖策略",即在酒店举办婚礼时,需要员工在现场有针对性地发送婚宴介绍,最好发送的时间在婚礼举办之前,大家刚刚落座这段时间。

③线上曝光

第一,公众号。

现在很多年轻人会提前一段时间订婚宴。所以,需要酒店提前进行婚宴信息的曝光,利用酒店公众号进行图文并茂的宣传。

第二,小红书。

由于小红书女性用户占比较高,所以,酒店可以把曾经举办过的婚礼现场进行剪辑,持续在小红书上曝光,会起到较好的引流作用。

酒店营销人员在与客户交流沟通时,不仅要介绍好酒店的婚宴菜单,还需要把婚礼场地和设施设备介绍到位,最好播放视频,这样更容易打动客户。在沟通价格时,可以采用捆绑策略,这样有利于营收提升和个人业绩的完成。

3. 如何把握酒店的机会型市场

应用场景:酒店开发机会市场

酒店机会型市场是指变化较大、起伏不定或阶段性产生客人需求的市场。如果酒店能够提前捕捉到市场信息并开展有效的市场营销工作,会带给酒店更多的营业收入。

一般酒店机会型市场主要有展会市场、大学市场、考试市场、开业市场和医院市场。

(1)展会市场

比如:上海虹桥机场附近的酒店,由于酒店商圈范围内有很多有规模的会展场馆，这样的市场就是比较典型的展会市场。通常无会展期间，酒店价格都不高，展会期间房价都会上涨。

如果酒店附近或者在商圈范围内有展会场馆，需要关注全年展会信息，提前做好营销工作。酒店可以提前调整OTA价格，提前和展会主办方联系获取更多的展会信息，以实现更好的收益。

（2）大学市场

大学市场的机会点主要在开学季。

（3）考试市场

常规的考试市场有研究生考试、艺考、证书考试和驾校考试等。

艺考和驾校考试每个地区是不同的，也容易被酒店忽略。所以，全面认知和了解考试市场，提前通过相关部门的官方网站获取考试信息，便于酒店提前开展营销工作。由于很多县级以下驾校考试都需要到地市级城市进行，所以驾校考试也是酒店开发的机会型市场。

（4）开业市场

开业市场是指商厦、大型商业和Shopping Mall等开业带给酒店的市场机会。

比如：大型商业联合体开业，开业之前会有很多品牌入住，从进场装修到开业这段时间会有很多食宿需求。如果酒店附近有大型商业和Shopping Mall开业，酒店可以在线上参加促销活动做更多的曝光，线下与招商或者相关部门沟通以获取有价值客户信息，然后开展相关的营销工作，一般这类客人入住酒店时间为15天至2个月。

（5）医院市场

医院市场是较常态频次变化很大的市场。

食宿需求多为患者及陪护家属，开发关键时间节点在患者没有住院之前或住院之后家属倒班陪护阶段。所以，酒店营销工作重点按照医院的营业时间最佳是周一至周四，最好OTA全覆盖，把不同房型的价格及是否包含早餐、是否可以加床标记清楚，便于客人决策、预订和下单。

酒店机会市场由于城市规模、酒店位置、酒店档次等不同而有所差异，酒店需要根据商圈属性、资源和能力判断机会型市场的类型和开发重点。

4.酒店如何才能用好微信营销

> 应用场景：酒店使用微信时

从酒店维度看，所有的媒体都是客人与酒店的桥梁。既然如此，客人在哪里，酒店的努力方向就应该在哪里。

据微信2021年公布数据显示，微信及WeChat合并月活跃账户数已经超过12亿。这足以说明微信的价值仍然巨大，值得酒店研究及应用。由于微信的社交属性、自媒体属性、管道属性和子平台属性，使酒店在应用时更加灵活，也具有更大的价值空间。

酒店用好微信需要明确定位。比如：微信订阅号是传播酒店信息的定位，服务号是私域流量的定位，视频号是传播和销售产品的定位，朋友圈是客人维护的定位等。

酒店用好微信从如下四个方面入手：

（1）微信订阅号

由于微信订阅号每天可以推送八篇图文，所以更多的酒店把订阅号作为发布信息的媒体。要想让客人关注或者不离开，需要酒店在内容创作上多下功夫，如果内容对客人没有吸引力，客人迟早会离开。

首先，酒店需要做好微信的定位、频次数量、发布时间等。

其次，酒店根据自身和所在城市的特征规划差旅客人感兴趣的主题，设计编写内容，最后是内容发布，需要酒店全体员工在朋友圈转发以增加曝光量。比如：特色网红美食介绍、历史古迹介绍、不同季节民俗和酒店推广特惠产品等。如果酒店一直推广产品或者自我介绍，是无法留住客人的。

（2）微信服务号

微信服务号是公众号的一种，其官方定位是"对外提供服务和链接"。

酒店可以通过第三方对服务号的功能进行定制及开发。由于可以开发的空间很大，加之具有支付功能，一般作为酒店线上预订和私域流量的链接。比如：可以用微信服务号链接第三方酒店会员工具。

与微信订阅号比服务号能推送消息直接显示在用户微信消息页面、无折叠、打开率高；支持多客服；支持二次开发的接口多；支持微信支付功能；服务号推送手机会有提醒，如铃声震动等功能。

所以，对于酒店具有更大的应用价值。关键因素是酒店想用之实现什么，然后做好清晰定位，最后根据定位做好接口链接。

酒店应用上可以得到推广的支持，可以生成带参数的二维码及长链接转短链接接口，便于酒店做活动推广。

由于微信服务号一个月只能推送四次图文，所以需要开通微信信息模板功能，但是消息模板/订阅消息只能用于通知类信息推送，不能用来推送图文，推送通知类信息没有限制。

（3）微信视频号

微信视频号是开放内容自媒体平台，其重点类似微信号每个人都可以开通，通过视频号ID进行传播。目前主要功能有视频和直播，也可以链接公众号和小程序。

由于视频号是微信生态的一部分，可以利用微信朋友圈和公众号进行推广和传播，是微信基于社交关系链的较好突破。

视频号可以实现直播打赏分成、广告、直播电商技术服务费和抽佣、云业务整合后的技术解决方案收入等。对于酒店可以售卖产品或者做促销活动，通过微信朋友圈与微信群进行引流，现场可以实现变现。

酒店在应用视频号时需要做好定位，然后是内容推送。如果做直播，主播、活动策划、抽奖和产品性价比决定最后直播的效果。

（4）微信朋友圈

微信早期营销做得比较好的是"秦王会"，其核心理论是"牧场理论"。

早期微信的"牧场"是朋友圈、微信群和公众号。现实中一个好的牧场不仅仅需要阳光，还需要水和草，并且是开放的，这样才能吸引更多的牛羊，并且不愿意离开。把这样一个场景放到微信朋友圈和微信群的道理是一样的，牧场里的阳光、水和草就是内容。

如果酒店想用好微信朋友圈和微信群，有两个条件：一是拉新，二是养熟。成交和裂变是水到渠成的事情。如果酒店单独用微信朋友圈或者微信群维护客人，拉新比较好解决，可以让酒店前台执行，配套一些优惠活动就可以较好地完成。关键点是如何养熟，用什么内容、用什么活动让客人不愿意离开。如果酒店想让微信朋友圈和微信群贡献价值，需要有专人打理，也需要在养熟方面进行设计，这样成交就不是难题，裂变才有可能。

5.酒店用好抖音的关键点有哪些

> 应用场景：酒店使用抖音时

截至2021年12月，据相关信息显示抖音的月活量已经超过6亿，由于连接便利、数据可量化、迭代加速、年轻人多等优势，很多个人和企业纷纷注册运营，以免错过价值流量的风口，尤其是抖音团购的推出带给酒店更多销售机会。

做抖音前一定要读懂"抖音，记录美好生活"这句话，记录什么？什么是美好？什么是生活？

酒店做好抖音需要把握好如下七个关键点：

（1）账号定位与人设

定位就是方向。做抖音目的是什么？内容给谁看？准备输出的内容是什么？想通过哪些方式达到目的？这些都是定位的内容。账号的定位，决定了未来账号面对目标人群、涨粉速度、引流效果和赚钱的方式等。

人物设定简称人设。人设就是想把账号打造成一个什么样的调性，因为无论做抖音的目的是什么，都需要人来实现，无论是有气质的还是活泼可爱的，需要在做抖音前规划好。

（2）团队组建

组建团队运营抖音的优势有很多。根据定位与预算组建团队，首先需要确定一名负责人便于整合资源与协调工作。团队成员可以专职也可是兼职，然后确定团队目标，明确责任和分工，最后根据定位做好工作计划。

（3）企业号注册

注册企业号时申请蓝V认证，即抖音企业号的官方认证。需要提交企业营业执照、企业认证公函和缴纳认证审核服务费600元。认证后可以享受官方认证V标、个性定制主页图、一分钟长视频权益、支持官网链接跳转和全面数据分析。

（4）运营技巧

①大号+小号

大号小号联合起来推广效果更好，小号可以助力大号。初始运营时可以设定主号，以小号助力主号为主。如果没有大号，可以考虑与别的大号联合，当然是需要支付一定的费用。

②用好福利

企业号是抖音专门为企业开设的，在收费的同时也会推出一些福利，酒店可以用好这些福利发挥其最大作用。比如：全昵称搜索置顶和个性定制主页图等。

③读懂算法

抖音短视频延续了头条的算法基因，通过强大的算法做运营支撑，从而保证用户的黏性和活跃度。抖音流量池算法是基于每条视频在流量池中的"正向反馈"逐级晋升，通过智能分配流量池、叠加推荐和热度加权的方式从一个低流量池逐步升级到高流量池的过程。

抖音有五个核心指标：完播率、点赞率、评论率、转发率和关注比。

④话题与热点

多参与抖音发起的话题，因为有平台流量的支持，通常会比一般视频获得更多的曝光机会。抖音每过一段时间会出现一些热点，由于迎合了大家的心声，核心指标数据就会得到提升。

⑤内容为王

第一，坚持原创。

根据定位做原创并不难，但要持续坚持下去则有一定难度。需要在策划创意、内容制作上多下功夫，也需要不断地学习贮备知识，这样做出来的原创才会获取更多的关注度。

酒店可以使用的场景还是比较丰富的，关键是主题的选择、内容创意与呈现的方式，也可以奖励客人从不同的体验角度制作和发布视频，从多维度提升酒店的曝光量。

第二，标题封面。

好的标题可以吸引更多用户的浏览，看到标题有趣有用，才会继续看视频内容，同时也能引导用户互动。好的封面也很重要，标题、封面和内容需要统一，这样不仅能够吸睛，也能更好地提升完播率、点赞率、评论率和转发率。

第三，提升质量。

优质内容是抖音竞争的核心。内容优质才能吸引更多的关注和点赞，抢占更多的流量。所以，酒店在创作内容时，不要因为对产量的要求而忽略内容的质量，也要注意内容的稳定性。

第四，持续更新。

对内容的持续更新才能够保证持续的曝光，内容也要有连续性。酒店可以用大堂、休闲空间、健身房、餐厅、客房和公区作为场景，从不同角度、不同内容、不同人物、不同音乐做出优质的视频。

第五，发布时间。

讲究天时是内容发布的基本要求。一般发布时间段为：上午6：00—9：00上班前时间，中午12：00—14：00午休时间，晚间17：00—23：00下班路上及饭后休息时间。

第六，DOU+推广。

Dou+是抖音官方推出唯一通过购买增加流量的方式。需要提前做好预算及投放节奏的把握，如果视频时长在15—30秒，投放6小时之内播放量达1000—1500，或浏览量达到1万左右、点赞率5.0%及以上、转化率1%及以上、评论率1%及以上是投放合适的时机。

（5）变现方法

由于酒店产品的特殊属性，变现主要有三种方式：

①电商带货变现

抖音可以链接抖音小店，在视频分享时下面会直接出现购物车，将精准流量引导到电商店铺变现。

②零售变现

将精准流量引导到聊天工具上，通过零售模式将产品销售给粉丝。比如：

酒店特惠预售客房、盲盒商品。

③线下门店引流变现

线下景点的酒店，打造网红酒店或者网红景点，以此增加客流量。

（6）团购商机

申请开通团购功能有两大条件：一是通过抖音平台的企业号认证蓝V商家；二是开通企业支付宝账号，企业支付宝账号主体需与抖音企业号认证主体一致。

团购功能的推出对于旅游酒店业、餐饮业等行业的认证蓝V商家是一个非常好的商机。通过企业号商户创建团购活动并添加至视频后，即可在抖音平台与用户进行商品或服务交易，用户浏览视频时可以看到团购活动，随时都可以购买，物流配送和到店核销两种方式也非常方便。

（7）注意事项

- 抖音格式是竖屏格式16：9（1920px×1080px）。
- 视频要正能量，不要出现禁止使用的内容。
- 不要无底线地乱蹭热度。
- 不要出现硬性广告。
- 不要出现水印，避免出现其他平台的字眼。
- 视频要简洁大方，尽量不要出现竞品信息。

6.酒店如何在小红书上做好引流

应用场景：酒店使用小红书时

"标记我的生活"是小红书的口号。

小红书不仅是分享型社交平台，还是热门的电商平台，并已经成为一个全新的以女性为主要内容的平台。据相关数据显示，截至2019年12月，小红书注册用户量超过3亿，活跃用户多为一二线城市的90后、95后女性，女性占比很高，购买力很强。由于女性消费者往往对美更加敏感和对生活品位的要求更高，并能够很好地"标记我的生活"，加之小红书始终坚持对内容质量的高要求，更能真实地标记女性生活的美好瞬间，所以得到对生活品位有更高追求的女性的青睐。

小红书已经形成以女性为主的精准流量池，由于拥有众多明星与优质达人的笔记分享，已成为业内著名的"种草平台"。对于民宿、度假酒店、景区酒店、主题酒店和有特色美食的酒店有很好的引流和变现机会。

酒店在做引流之前，第一，要做好账号定位，明确内容方向；第二，要注册企业号，因为企业号是目前小红书官方一直在强推的商家和用户建立连接的产品，建议企业号也要搭建人设，千万不要高冷，需要拉近与用户和粉丝的距离，有条件的酒店可以做账号矩阵，企业号、员工号和个人号统一运营；第三，酒店需求了解规则，读懂算法；第四，酒店要做好图文与视频内容，有条件的也可以做直播，内容要与账号定位统一，内容越垂直，流量越精准，酒店就是非常垂直的内容题材；第五，做好推广，酒店要利用小红书推广的优势，先做社群，再做电商，基于UGC模式产生更舒适的社交体验。

酒店引流主要有如下八个方法：

（1）评论私信引流

①评论区引流

通过回复评论区的提问，使用一些邀请性话语详细介绍酒店情况，引导用户光顾酒店，达到拓展客户群的目的。

②在其他博主的评论区引流

在其他博主的评论区引流，需要注意三点：一要注意引流的方式，避免引起反感；二要选择酒店行业的博主或笔记，比如其他民宿或旅游领域的博主；三要选择高热度笔记的评论区，增加用户看到这条评论的机会。

③私信引流

私信引流的好处是可以发送图片且可以一对一的交流，能够保证用户收到信息。

比如：您好，看到您在××笔记下面评论了，如果有需要请光顾并收藏，可以免费领取××元酒店房券。

④关注自动回复引流

互联网的成交重点在于跟客户产生关系并产生话题，即在粉丝关注后，给他做一个自动回复+诱饵引导。酒店可以根据实际情况进行诱饵设计，如优惠券、下午茶代金券、套餐折扣券等。

（2）利用简介引流

可以在企业号介绍中留下联系方式、其他平台账号、酒店的详细地址等信息，用户只需进入企业号的主页就能看到这些信息，从而实现引流的目的。

（3）营销工具引流

营销工具是企业号帮助商家进行营销转化的一种方式。用户点开我的笔记后，会看到一个"立即领取"的按钮，然后点击按钮，即可自动跳转至私信聊天页面，可以直接推送给对方信息。

使用的步骤：

- 先登陆小红书企业号的PC端电脑后台，选择企业号登陆。
- 在营销工具中选择营销模板，设置好营销模板名字及自动回复的内容。
- 手机端发布小红书笔记时选择下方的"高级选项"，即可在里面看到刚刚创建的营销模板，选择并点击发布即可。

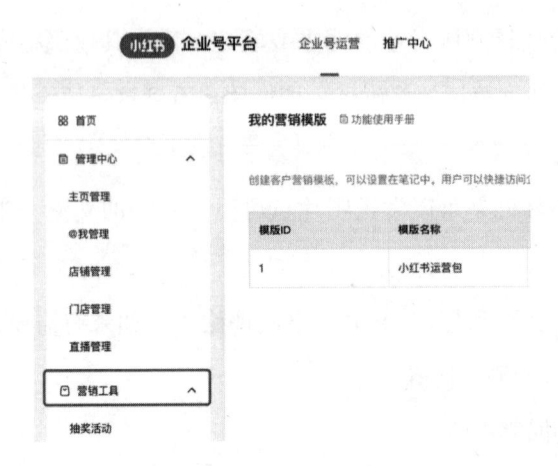

图6-1 营销工具

(4) 私信群发引流

私信群发功能申请要求：

- 账号无明显违规行为。
- 粉丝数大于或等于3000人。
- 近30天发布笔记的曝光量大于或等于10000，或平均点赞数大于或等于10。

私信群发就是直接给粉丝群发信息，常在活动中使用。比如：酒店直播，可以利用这个功能给粉丝群发通知，不仅能有效地把直播信息推送出去，再一次提高和粉丝之间的黏度，还能较好地起到引流的作用。通常小红书私信点击率和转化率还是比较高的。

(5) 活动引流

体验活动引流：酒店可以通过招募试睡体验官的活动，吸引更多的客户和粉丝到酒店进行体验，然后写一篇在酒店体验的真实笔记发布，不仅起到引流作用，还可以通过博主的账号提升酒店的曝光量。

抽奖活动引流：酒店可以使用抽奖活动这个功能，通过大家"点赞+收藏"随机抽取礼物，数量和礼物酒店可以根据实际情况设置。

直播活动引流：酒店在节假日之前可以做直播活动引流，通过折扣、赠送和消费福利等吸引客户及粉丝到酒店消费。

（6）店铺引流

酒店可以直接在小红书开店，用户可以直接下单或到酒店消费。

（7）直播引流

直播是吸引新流量的一种有效方法，酒店需提前做好主题与内容规划，通过何种形式和方法吸引新流量到酒店消费，同时主播需要熟悉酒店产品和服务，这样直播时才会更加自如地介绍酒店。

（8）广告引流

广告引流是一种比较常见的形式，企业号可以直接买流量，这也是小红书官方认可的。另外，酒店也可以与博主合作投放软文广告，在选择博主时需要考虑博主的粉丝群体是否与酒店的消费群体匹配。

7. 如何做好B站评论提升UP主影响力

应用场景：酒店做B站时

B站全称为哔哩哔哩弹幕网，亦称哔哩哔哩和bilibili弹幕网，简称B站，是中国一个ACG（二次元）相关的弹幕视频分享网站。B站早期是一个ACG（动画、漫画、游戏）内容创作与分享的视频网站，现已成为中国年轻人的文化社区和视频平台，被粉丝们亲切地称为B站，后期不断发展涵盖了7000多个兴趣圈层的多元化社区，深受年轻人的喜爱。

由于B站主要是90后群体，男性比例略高于女性，所以对于特色酒店、民宿、度假酒店、具有网红打卡产品的酒店和设计师酒店等有很大的价值空间。

B站评论是与用户链接及提升UP主和UP账号影响力的重要方法之一，下面从五个方面回答如何做好B站的评论。

（1）认清评论区价值

通过内容评论量多少，可以看出发布内容体现出的价值有多大。评论量越多，获得的流量就越多，其价值也就越高，也说明有更多的人浏览过你的内容。

评论区也是对内容进行二次优化的一种有效手段，可以帮助UP主完善内容，也可以在文字后方设置一些详情链接，感兴趣的用户在评论区点击链接便可以直接前往营销网页。

UP主通过客户的评论也能发现更多好的选题。根据用户的反馈再进行归纳总结，尤其是客户反馈比较集中的内容或者话题。同时，UP主也可以在评论区提问，通过评论获得更多的选题方向。

（2）内容需引起共鸣

UP主在做内容时应尽可能选择一些能够引起用户讨论的内容，这样就具备吸引更多用户参与评论的条件，也容易引起用户评论和共鸣。

UP主可以在内容中设置一些用户比较感兴趣的互动话题，UP主通过话题的设置可以提前引起用户想评论的兴趣，激发更多的用户参与评论。

UP主可以通过提问的形式把问题抛给大家，以此提醒大家参与互动，引导更多用户回答问题，从而提高评论数量和UP主的影响力。

UP主可以结合具体场景做出回复，或者通过回复内容联想到具体场景，尤其是UP主对酒店产品和服务非常熟悉，有多次入住体验，这样回复起来才更加真实，让用户更加感兴趣。

（3）高质量的评论

用好热点：UP 主如果用好热点进行评论，可以快速吸引更多用户参与或者关注。

解决痛点：UP 主评论内容时，可以找到目标用户的痛点，通过解决痛点来吸引部分用户的关注，这对自我评论的价值或者引导用户购买商品非常重要。如果用户碰到了难以解决的问题，正好看到你的评论能够帮助他们解决问题，不仅说明 UP 主评论的价值，还会提升 UP 主的影响力。

擅用痒点：需要在内容设计时进行巧妙的构思并植入，如果一个人看完内容心里痒痒的，就会驱动他去做评论，这样 UP 主的目的就达到了。

（4）评论写作技巧

自我评论：由于文案中能够呈现的内容相对有限，或者在做文案时留有瑕疵，或者不够完整，可以通过自我评论的方式进行补充或者延伸，这样会有效地引起部分感兴趣的用户参与评论。

引导评论：用户由于没有正确理解发布的内容，UP 主也可以通过积极的方式引导或影响用户的看法，便于提高 UP 主账号的影响力。

及时回复：需要第一时间回复评论，让用户感觉 UP 主对他们的重视，也能增强他们对 UP 主和 UP 主账号的好感。

（5）回复评论注意事项

避免回复一样的内容，需要规避敏感和生涩的词语。

UP 主需要认真回复用户的观点，不要忽略回复质量，可以对重点内容进行聚焦评论。

面对吐槽，切勿互喷。不一定所有的用户都认同 UP 主的观点，所以会有不同的声音出现。在面对用户带有恶意评论时不与其互喷，以良好的心态进行回复，这会体现出 UP 主的格局和修养。

【案例】用抖音一个月实现120万元营收

"长江三峡天然塔，西境东意宝阁丽。"

湖北宜昌阿尔·宝阁丽酒店作为雅阁酒店集团（澳大利亚）在中国区的合作管理品牌酒店之一，"巅峰品质，超越期望"是其立足之本，并致力于在湖北打造首家顶级Light luxury智慧江景酒店。

酒店集高端商旅住宿、会务、经典西餐、网红下午茶、SPA养生水疗、健身等休闲娱乐为一体，糅合古今战马文化元素与澳大利亚邻里风情的现代科技设计风格，以"摩登、曼妙、个性、智慧"的全新生活方式精彩呈现，为您开启心中的那份宁静与愉悦，迎接宜昌城市的时尚之旅。别具一格的空中大堂如云中漫步，150套温馨舒适的多层次全智能超豪华客房，每一扇超大落地窗都是一道靓丽的风景；荟萃各类饮品、茶点及经典美食的宝阁丽餐厅，足以让您深切感受到"在消费中观景，在观景中消费"的卓越意境，令您轻松惬意，尽享尊贵。

宜昌阿尔·宝阁丽酒店通过四个步骤用一个月时间团购实现120万元营收。

（1）第一步：推广定位

打造湖北"宜昌首家智慧江景酒店"，酒店房间科技感十足，实现了全智能化。

推出网红西餐厅，爱上一个芍（重点推荐），荟萃世界各类饮品，茶点及经典美食，让用户深切感受享受美食的同时欣赏美景。

客房180度阔幕全江景，超大落地窗俯瞰长江，观宝塔，看彩虹桥，享受临江浴缸愉悦体验，是宜昌必去的网红打卡圣地之一，在活动期间指定网红房打卡点。

酒店超大空间，环境舒适，在超级大堂设置3处打卡点。

整体推广定位：酒店话题设计打造+宜昌首家智慧江景酒店+汇聚总体流量。

图6-2 推广定位

（2）第二步：开通企业蓝V认证

官方账号营销工具配置，开通企业蓝V认证。

开通企业蓝V认证需要的证件：营业执照、卫生许可证、特行证。

蓝V账号的服务费用：第一年600元，以后每年120元。

（3）第三步：上架官方团购/设计活动套餐

页面装修代表酒店在抖音对外的品牌形象展示，可上传不同区域的图片10张左右，酒店首图、客房、餐厅、大堂、健身房和公区等。

在后台按照使用规则设置：上架房型通用券酒店营业时间内可用，春节和元旦不可用。

限购说明：每人最多购买5份。

使用说明：提前一天预约，不可同时享受店内部分其他优惠，具体请咨询商家。

购买此套餐赠送早餐2份，免费享用水果和咖啡，酒店通用房券一张。

开业狂欢惊爆价：199元/间。

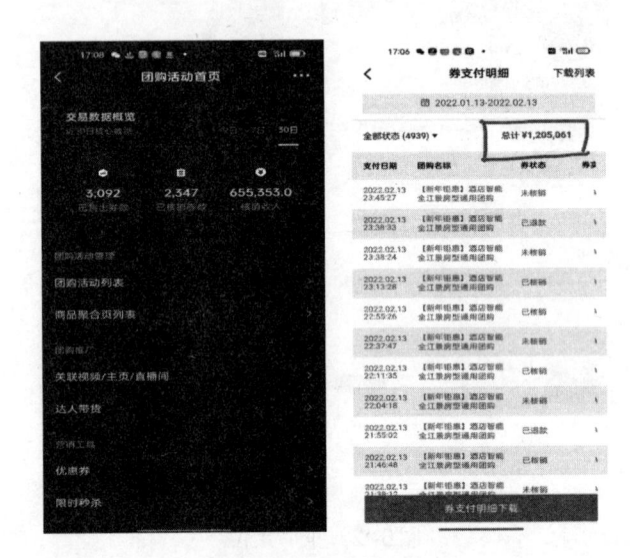

图6-3 团购活动

（4）四点燃爆团购带货

- 推广目的：通过组建达人矩阵，以达人+微达人多平台强曝光的形式引爆酒店开业，提升品牌的覆盖面，实现从曝光到顾客消费深度转化，带动团购销量并给酒店带来热度，吸引更多的人主动到酒店打卡。
- 推广要求：达人矩阵和微达人矩阵，以及官方账号发布视频，发布内容以酒店推广定位为主。
- 小号助力：酒店小号拍摄视频并用于回复差评。
- 推广实施：设计并制订抖音达人、微达人和素人推广计划并实施，前期酒店以面谈形式邀请本地头部网红及小微达人先行推广加热酒店，后期以房间、餐桌台卡和会员推送信息等形式向入驻或用餐顾客推送。

关注酒店官方抖音账号，拍摄酒店或餐厅视频，发布时带酒店地址即可享受酒店分佣，并可参加酒店全民分销活动，第一波方案后根据具体数据再调整方案。

结果呈现：一个月团购实现超120万元营收。

第七章

酒店如何做好会员管理

1. 做会员都有哪些误区

> 应用场景：酒店做会员时

近几年，由于酒店市场竞争非常激烈，OTA渠道占比逐步增加，酒店越来越重视会员。由于酒店经验不足和专业人才匮乏，做会员时很容易走入误区，造成酒店会员贡献价值降低，最后影响酒店整体的运营和发展。

酒店会员主要误区有如下七点：

（1）缺乏系统认识

会员本身是一个闭环系统。酒店在构建与实施会员过程中，通常会让一个部门负责，加之缺少系统的思考与学习，其局限性会制约酒店会员的整体布局和系统性。

比如：让营销部门负责会员这件事，营销部门通常会咨询提供工具的第三方机构，或与酒店同行交流，缺少学习和深入的系统研究，最终结果是营销部门整理的会员方案决定了酒店会员的效果。

（2）客房与餐饮一起做

由于客房的消费相对是较低频的和外埠属性；餐饮的消费相对是较高频的和本地化属性。基于此，客房与餐饮会员一起做，会缺少更加精准的数据分析，影响会员管理的效果。所以，笔者建议酒店客房与餐饮会员不能一起做，但客房会员的权益可以延伸到餐饮，餐饮会员的权益可以延伸到客房。

（3）总想快速见效

很多酒店业主在做会员时总想快速见效。由于以客房为主的酒店客人消费相对是较低频的,所以从客观的角度看,酒店做会员是较长时间才会有效果的,具体时间长短看酒店发展会员的数量和质量。

(4)向外求

酒店本身就是流量洼地,但很多酒店在发展会员过程中,把更多的资源和精力放到了外部,结果是顾此失彼得不偿失。把自己酒店的流量有效转化为会员才是正确的发展路径。

(5)做会员简单

会员是一个系统,包括本质/目的、系统、方法、工具和组织,这五个方面缺一不可。如果考虑不全面或者在做会员时有所遗漏,最后会影响会员最终价值的贡献。

(6)比较吝啬投入

一方面酒店业主不愿意在会员工具上投入更多成本;另一方面在转化会员、售卖会员卡时比较吝啬奖励员工。

(7)缺乏会员管理

缺乏会员管理是目前酒店做会员的普遍现象。酒店在构建与发展会员之后,无论发展沉淀了多少会员,一旦出现不活跃的会员或消费频次很少的会员,或出现流失的会员和沉睡的会员,由于缺乏会员的有效管理,很难精准判断会员的状态,就无法有针对性地实施精准营销动作。

2. 会员系统包含哪些内容

应用场景:系统理解酒店会员

完整的酒店会员系统由五个方面内容组成,分别是本质/目的、系统、方法、工具和组织。

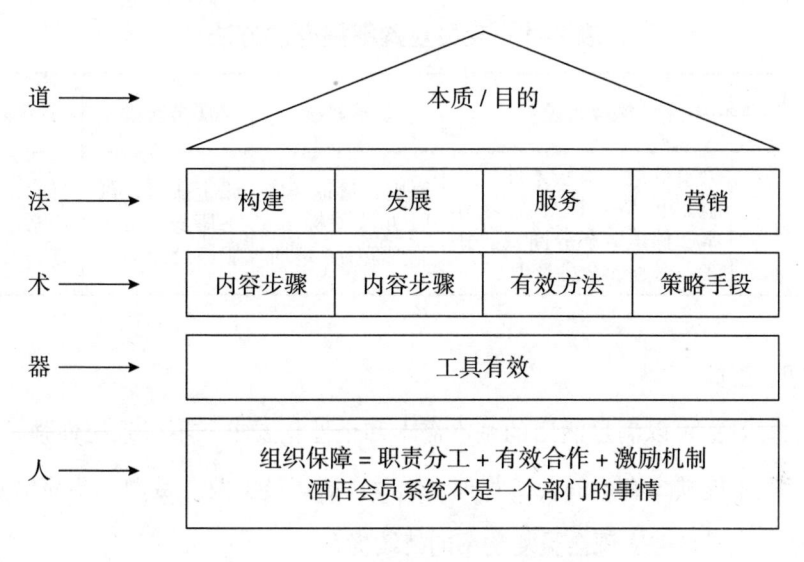

```
道 ——→         本质/目的

法 ——→    构建   发展   服务   营销

术 ——→   内容步骤 内容步骤 有效方法 策略手段

器 ——→         工具有效

人 ——→   组织保障＝职责分工＋有效合作＋激励机制
         酒店会员系统不是一个部门的事情
```

图 7-1　酒店会员系统结构示意图

一、本质/目的

酒店做会员的目的是什么？会员的本质是什么？酒店在做会员之前是需要想清楚的。如果只是随波逐流，大家都在做，所以我也做，那么大概率你的酒店会员做不好。

笔者认为，酒店做会员的本质/目的只有一个，即通过会员构建、发展、服务和营销有效实现会员复购率的持续提升。

二、系统

酒店会员是一个系统，共有四个阶段，分别是构建阶段、发展阶段、服务阶段和营销阶段。其中，构建阶段非常重要，内容如有遗漏或缺少系统性，会影响后面三个阶段的操作及会员复购率的提升。

三、方法

表7-1　会员复购率提升的方法

阶段 方法	构建阶段	发展阶段	服务阶段	营销阶段
内容/方法	会员等级、晋级条件、权益、价格、标签、会员卡、储值、积分商城、分工、激励、会员管理	原则、目标、发展方法、标签、兑现激励、培训	线上服务、线下服务、会员服务设计	目的、营销策略、营销方法

四、工具

工具是指可以满足酒店的基本需求和个性化要求，不仅系统性强、稳定性强，还不能缺少有效的会员管理。同时，酒店员工及会员操作要简单便捷，最重要一点是能够实现会员复购率的持续提升。

五、组织

由于酒店会员不是一个部门的事情，需要酒店在组织上能够保障会员的构建、发展、服务和营销的有效执行。

1.做好责任分工

比如：前厅部门重点工作是转化会员和为会员添加标签，HR部门或前厅经理需要在前厅员工岗位说明书中加上会员转化和添加标签这部分工作内容，从而在酒店组织上保障了会员工作责任的落地。

2.做好部门之间的合作

比如：客房部门和前厅部门需要进行会员信息的无缝对接，尤其是在酒店会员工具的使用上要做到信息对称。

3.做好会员激励工作

包括前厅会员转化提成、客房会员转化提成、会员卡销售及储值提成等。

3.会员系统是如何运行的

> 应用场景：理解酒店会员系统运行

完整的酒店会员系统价值实现路径分为三个阶段，分别是流量/移动预订、存量/会员管理、增量/复购率。会员系统的运行也是按照这个路径递进的。

通过了解会员系统运行的逻辑，让酒店更加明白需要从完整系统的视角做会员，所谓"高度决定出路，系统决定完整"。

由于酒店使用会员工具不同，在具体功能和逻辑上也会不同，但无论是何种工具，都会按照移动预订、会员管理、复购率提升三个阶段进行，可能功能模块的叫法不同，但是背后的逻辑是一样的。

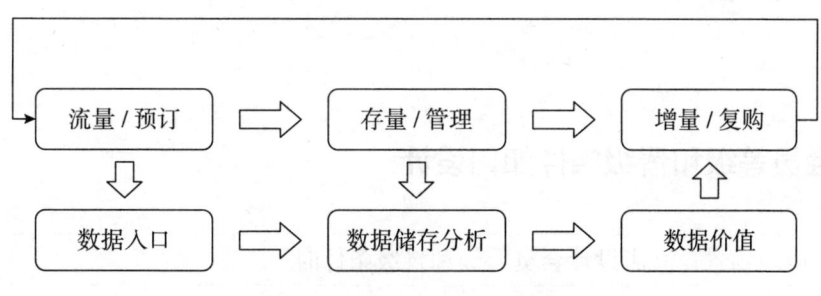

图7-2 会员系统运行示意图

会员系统运行步骤如表7-2所示。

表7-2 会员系统运行步骤

步骤	阶段	内容	说明
1	移动预订	数据入口	酒店会员基本信息和在移动端体现的信息
		会员转化	通过酒店营销渠道内部转化会员
		会员发展	通过其他渠道发展会员
2	会员管理	数据信息存储	通过会员消费及标签属性，会员工具的云端数据库进行信息储存
		会员数据分析	会员数据统计分析，为会员及会员管理服务
		精准维护	通过数据分析及有效的会员管理，实现会员精准服务

续表

步骤	阶段	内容	说　　明
3	复购率提升	精准营销	通过数据分析及有效的会员管理，实现会员精准营销
		服务实现	酒店通过精准的会员服务实现会员复购率提升
		营销实现	酒店通过精准的会员营销实现会员复购率提升

在会员系统运行时，一些逻辑有时是隐性的，有时是显性的，在移动端和PC端看到更多的是使用的功能模块。

由于酒店市场竞争越来越激励，对OTA的依赖有增无减，酒店对于打造会员系统都有很大期望，但单体酒店及小连锁酒店把会员做好的少之又少。由于多数酒店人系统性和学习力的制约，造成酒店人对会员认知一知半解，照猫画虎者居多。

4. 会员等级和晋级条件如何设计

> 应用场景：酒店设计会员等级和晋级条件时

酒店会员等级和晋级条件是构建会员时的两个关键点，其涉及会员的转化发展和最后会员整体的质量。

一、会员等级设计

酒店在构建会员过程中，首先需要设置会员等级，是3个等级还是5个等级。然后，需要搞清楚设置会员等级的依据是什么？只有把依据搞清楚，等级就不是难题了。

例如：某酒店的平均房价为180元，其会员等级就不要超过3个；另一家酒店的平均房价为490元，可以设置5个会员等级。

通过以上例子可以得出这样的结论，设置会员等级的依据是酒店的平均房价。平均房价高会员等级多，平均房价低会员等级就要少。如果平均房价低，设置会员等级多，各个级别之间的价格幅度就比较小，级别之间价格差别较小不利于发展会员，也会影响会员晋级带给会员的利益。

二、会员晋级条件设计

会员晋级常规有四种形式，分别为售卡、储值、金额和积分累计。举例说明详见表7-3。

表7-3　会员晋级

条件＼等级	1级	2级	3级	4级	5级
售卡	39元	79元	199元		
储值	1000元	3000元	5000元	10000元	30000元
消费金额	注册	1000元	3000元	5000元	20000元
积分累计	注册	1000积分	3000积分	5000积分	20000积分

由于很多酒店都有淡旺季，在旺季时酒店通常不缺少客人，但在淡季时酒店还是期望更多的会员到酒店消费，以此提升酒店的出租率。由于酒店在设置会员晋级条件时很少考虑淡旺季的因素，所以很容易按照上面表格中消费金额或积分累计设置会员晋级条件，这样对淡季入住酒店的会员是不公平的，因为其消费金额低对等的积分也少。

那么，酒店晋级条件如何设置更合理呢？按照累计间夜数晋级是比较合理的，因为间夜数消除了酒店淡旺季价格高低对会员晋级的不平等。

酒店可以参考如表7-4晋级条件进行设置。

表7-4　晋级条件

条件＼等级	1级	2级	3级	4级	5级
间夜数	0间	5间	20间	50间	150间

总之，酒店等级多少的依据是平均房价；会员晋级的条件是间夜数。

5.会员权益内容都有哪些

应用场景：酒店设计会员权益时

酒店会员权益是影响会员发展最重要的因素之一。所以，如何设计更加合理的会员权益，设置哪些具体内容，会员权益设置多少合理，都需要酒店在会员构建阶段搞清楚。

通常酒店会员权益可以分为折扣类、券类、赠送类、免费类和尊享类。

举例说明详见表7-5。

表7-5 酒店会员权益

折扣类	券类	赠送类	免费类	尊享类
客房9.5折	10元代金券	水果	升级房间	会员通道
客房9.0折	20元代金券	小食品	洗衣服务	会员楼层
客房8.5折	30元代金券	水	接机接站服务	会员早餐
客房8.0折	50元代金券	茶	早餐	会员房间
客房7.5折	100元代金券	咖啡	健身	会员特供食品
客房7.0折	早餐券	消费积分	游泳	会员服务
正餐折扣	升房券	礼品	洗车服务	其他
其他	延时退房券	其他	擦鞋服务	
	其他		其他	

酒店需要根据会员的身份、消费属性、喜好特征等进行权益内容的设置。在设置内容过程中，需要考虑不同等级会员权益多少的问题。笔者曾经在昆明一家酒店见过会员权益多达15项内容，不仅需要酒店付出更多的成本，会员的满意度也很难提高，因为会员对酒店会员权益期望值太高了。

那么，会员权益多少合适呢？需要结合酒店档次和资源情况设定，一般根据级别逐步升高会员权益。下面举两个例子说明：

示例一：A 酒店平均房价 160 元。

表 7-6 A 酒店会员权益

等级	银卡会员（一级）	金卡会员（二级）	钻石卡会员（三级）
晋级条件	注册即会员	10 间夜	40 间夜
权益	• 客房 9.5 折 • 免费积分 • 赠送早餐	• 客房 9.0 折 • 免费积分 • 赠送早餐 • 赠送代金券 20 元 1 张	• 客房 8.5 折 • 免费积分 • 赠送早餐 • 赠送代金券 20 元 2 张 • 免费升级客房 • 赠送水果

示例二：B 酒店平均房价 500 元。

表 7-7 B 酒店会员权益

等级	银卡（一级）	金卡（二级）	铂金卡（三级）	水晶卡（四级）	钻石卡（五级）
晋级条件	注册即会员	5 间夜	20 间夜	50 间夜	150 间夜
权益	• 客房 9.6 折 • 免费积分 • 赠送早餐	• 客房 9.2 折 • 免费积分 • 赠送早餐 • 赠送升房券 1 张	• 客房 8.8 折 • 免费积分 • 赠送早餐 • 赠送升房券 5 张 • 赠送延时退房券 3 张	• 客房 8.4 折 • 免费积分 • 赠送早餐 • 赠送升房券 10 张 • 赠送延时退房券 6 张 • 赠送代金券 20 元 5 张	• 客房 8.0 折 • 免费积分 • 赠送早餐 • 赠送升房券 20 张 • 赠送延时退房券 12 张 • 赠送代金券 50 元 5 张 • 赠送水果一份

需要说明一点，酒店在设置会员权益时，如果使用抵扣券类作为权益，需要考虑会员工具是否可以实现，会员和员工操作的难易程度如何。

酒店在设置会员权益时，其中折扣类权益是比较敏感的，需要酒店财务详细核算会员权益产生的成本，便于酒店做好成本控制。

6.会员卡如何设计

> 应用场景：酒店设计会员卡

酒店会员卡销售是早期的会员做法。

随着时间的推移，会员卡越来越不好卖。分析原因，其本质是购买会员卡的会员，除了一定的优惠，并没有享受到酒店会员的其他权益，心理诉求并没有得到持续的满足，所以会员卡设计对会员卡销售至关重要。

设计会员卡时，不仅需要考虑额度多少、优惠多少，还需要考虑会员卡对等权益多少。这样才能让购买会员卡的会员感受到会员真实身份及被酒店重视的程度，有效促进会员卡销售。

会员卡设计内容举例说明如表7-8。

表7-8 会员卡设计

额度	优惠	其他权益
39元	9.5折	1.对等到2级会员的权益（优惠价格要对等） 2.如果没有会员系统支撑，可以直接按9.5折计算，同时根据酒店实际情况，增加对等会员服务内容
69元	9.2折	1.对等到3级会员的权益（优惠价格要对等） 2.如果没有会员系统支撑，可以直接按9.2折计算，同时根据酒店实际情况，增加对等会员服务内容
199元	8.8折	1.对等到3级会员的权益（优惠价格要对等） 2.如果没有会员系统支撑，可以直接按8.8折计算，同时根据酒店实际情况，增加对等会员的服务内容。比如：延时退房、免费升级和免查房等
399元	8.0折	1.对等到4级会员的权益（优惠价格要对等） 2.如果没有会员系统支撑，可以直接按8.0折计算，同时根据酒店实际情况，增加对等的服务内容。比如：赠送果盘、会员专属早餐等

关于会员卡额度多少，优惠幅度多少，对等其他权益，酒店需要根据平均房价、OTA的价格和协议公司客户价格设计。如果酒店想通过售卖会员卡发展会员，则需要考虑会员卡的额度与折扣带给客人的利益。

比如：酒店门市价为380元，OTA价格为365元，会员卡售价69元，折扣是9.0折。如果客人入住3天，对比OTA价格365元计算，3天可为客人节省69元，如果还有对应的会员权益，客人就很容易购买69元的会员卡。

酒店设计会员卡时，需要站在客人的角度，如果入住10间夜才能节省购买会员卡的钱，这样会员卡就不好销售。

如果酒店想让协议客户的现付客人购买会员卡，那么折扣后的房价就要略低于协议公司客户的价格；如果酒店想让入住3间夜的客人大概率购买会员卡，就要按照3间夜客人节省多少钱计算，然后再确定会员卡可以售卖多少钱。

总之，会员卡设计需要明确购买会员卡客人的需求及酒店售卖会员卡的目的，通过相关数据分析与计算再设计具体的内容。

7. 会员储值如何设计

> 应用场景：酒店设计会员储值时

会员储值是酒店通常的做法，近几年从实施的效果看，储值与续费越来越少。分析原因储值做法单一、会员体验较差、会员心理诉求没有得到及时满足等，都是影响会员储值与续费较少的原因。

酒店要想做好会员储值，需要从储值额度、返现额度、赠送和其他权益四个方面整体进行设计，举例说明详见表7-9。

表7-9　会员储值

储值额度	赠送额度（%）	赠送客房	其他权益
2000元	200元（10%）	客房1间夜	1.对等2级会员权益 2.如果没有会员系统可以采用手工方式赠送
5000元	600元（12%）	客房3间夜	1.对等3级会员权益 2.如果没有会员系统可以采用手工方式赠送

续表

储值额度	赠送额度（%）	赠送客房	其他权益
10000元	1500元（15%）	客房8间夜	1.对等4级会员权益 2.如果没有会员系统可以采用手工方式赠送 3.可以增加部分增值服务
30000元	6000元（20%）	客房30间夜	1.对等4级会员权益 2.如果没有会员系统可以采用手工方式赠送 3.可以增加部分增值服务

酒店在设计赠送额度或者赠送客房时，需要考虑酒店目标客人接受能力、平均房价和通过储值想达到的目的。

举例说明：A酒店是精品商务型酒店，平均房价290元，如果客人储值3000元大约可以入住10间夜，赠送10%，即300元额度或者赠送1间夜房间。该方案对商务客人是否有吸引力。如果没有吸引力，这个方案就需要重新设计，否则就算酒店推出这样的储值活动效果也一般。

B酒店餐厅推出储值活动，餐厅平均客单价为150元左右，储值5000元赠送600元额度。这样设计除非餐饮做得非常棒，否则一般不会有太好的效果。所以，需要增加更多成本较低的储值会员权益内容。

基于此，A酒店可以根据酒店实际情况，增加延时退房或者在早餐时间段为储值会员增加饮品（也可以增加其他服务），需要注意只有储值会员才有的饮品，其他客人是没有的，让储值会员心里产生优越感，产生我和其他客人不一样的感觉，这种感觉让会员觉得储值会员很有价值。

B酒店餐厅可以根据储值会员的心理诉求，增加优先预订包厢、赠送时令菜品、专属服务等内容。如果储值会员到酒店就餐，酒店一定要及时赠送菜品，并且赠送的菜品菜单上是没有的，只赠送给储值会员。这样会员的感受会很好，并且每次到酒店就餐都有赠送，这样不仅会增加储值会员的黏性，还会促进储值会员续费。

酒店在设计会员储值内容时，需要从客人档次、消费能力、消费频次、消费性质、酒店产品优劣势入手，在满足酒店储值目的的同时，也需要考虑客人获得的利益及心理诉求是否得到满足。

8.会员标签如何设计

> 应用场景：酒店设计会员标签

酒店会员标签是有效实现会员个性化服务的依据，是提升会员满意度和忠诚度的基础，是会员精准营销和提升复购率的有效手段。

设计会员标签需要从如下四点入手：

（1）理解标签

简单理解，标签是把客人住店期间所有的内外特征与消费喜好进行记录或者标记的一项工作。

为什么需要设计标签呢？

因为这项工作从标签的分类到信息的录入，需要提前进行规划和标签类别划分，便于酒店应用标签提升酒店会员的满意度。

（2）标签分类

只要便于管理、便于使用，采用任何分类方法都可以。

通常把标签分为三类：内在属性标签、外在属性标签和消费属性标签。

内在属性标签一般包括性格内向还是外向、素养高还是低、年龄大小、性别等。

外在属性标签一般包括是否开车出差、出差人数、收入多少、职位高低、所处行业和沟通能力等。

消费属性标签一般包括住宿天数、时间周期、价格敏感度、房间房型喜好、房间朝向楼层、早餐需求特征、喜好水果、饮品喜好和打扫时间等。

（3）酒店常用标签示例

表7-10 酒店常用标签

内在属性标签			外在属性标签			消费属性标签		
性格	身份	内向	月收入	5千元以下	预订	电话	布草	每日换
		偏内向		5千元以上		微信		没要求
		外向		1万元以上		前厅订	洗衣	经常
		偏外向		2万元以上		线上订		偶尔
		温和		5万元以上		标准间		没有
城市属性		沿海	香烟	吸烟	客房	大床房		其他
		内陆		不吸烟		豪华大床房	睡枕	加枕头
	出差性质	发达	出差人数	1人		套房		加2个
		不发达		2人		高楼层	衣架	加4个
		一线		3人以上		低楼层		更多
		二线	车辆	需要车位		其他	打扫时间	10点前
		三线		不需要	价格	敏感		12点前
		四线				一般		16点之前
		五线				不敏感		其他
学识	所处行业	高		生产制造业	住宿日期	周一到周五	住宿频次	1个月1次或以上
				商业贸易				

餐饮	吃早餐	不吃早餐
	吃午餐	不吃午餐
	吃晚餐	不吃晚餐
	素食	回族
饮品	喜欢喝茶	喜欢喝咖啡
	喜欢喝饮料	喜欢喝矿泉水
	喜欢豆浆	其他
水果	喜欢	

续表

内在属性标签		外在属性标签		消费属性标签	
	较高		服务业		不喜欢
	中		金融业		一般
	低		互联网		口味偏酸
	擅沟通		IT行业		口味偏甜
交际	好说话		酒店同行		苹果
	言语少		其他		橘子
	不好交流				香蕉
					圣女果
				月上旬	
				月中旬	
				月下旬	
				住宿天数	1天
					2—3天
					3—5天
					5天以上
				1季度1—2次	
				偶尔	
				其他	

（4）标签设计

酒店根据定位、规模、档次、目标会员属性、目的等进行标签内容的汇总和筛选，再进行类别划分，明确各种类别标签添加与应用场景使用方法，这样标签才能发挥应有的价值，帮助酒店提升服务水平和营销水平。

9.会员积分商城如何设计

> 应用场景：酒店设计积分商城时

酒店会员积分商城设计要遵循三个规则：会员积分获得规则、会员积分兑换规则和商城商品设置规则。

具体内容详见表7-11。

表7-11　会员积分商城设计

规则	说　　明
会员积分获得规则	根据会员系统工具的功能，酒店设计会员获得积分的方法和条件，一般有如下4种获得积分的方式： 1.消费获得赠送积分 2.分享获得奖励积分 3.完善信息获得奖励积分 4.标签填加获得奖励积分
会员积分兑换规则	会员积分兑换规则需要酒店考虑消费多少金额赠送多少积分，确定赠送的比例；确定多少积分兑换多少钱的商品，通常做法如下： 1.消费1元等于1积分 2.50—100积分等于1元商品
商城商品设置规则	酒店在设置商城商品时，需要根据会员出差或旅游的需求进行设置，根据酒店自身资源选择商品，在商品选择上需要酒店考虑不要让会员消费额度过多才能兑换，只要会员消费2间夜或3间夜累计的积分就可以兑换，操作原则如下： 1.根据会员需求选择商品 2.根据酒店资源确定商品 3.遵循及时满足会员需求原则

比如：某酒店在设置商城商品时，选择很多电子产品，包括苹果手机、扫地机器人、双立人电饭煲、海参鲍鱼礼盒等，会员看到这样的商品一般会产生"远水解决不了近渴"的心理。因为需要持续消费不断累计，也不一定能够累积积分数额，这样的商品设置是没有太好效果的。

如果酒店会员女性较多，可以选择女性出差常用的商品，如女性需要的化妆棉等，会员入住几天就可以通过赠送积分兑换。

图7-3 积分商城示意图

如图7-3所示，250积分、500积分都是比较好的设置。如果都是几千积分上万积分才能兑换，酒店的积分商城就会成为"鸡肋"，只有会员不断地进行积分兑换，积分商城才有价值，才能取得与会员不断链接的效果。

如果会员工具支持购买交易，可以扩大商城的范围，酒店在实施时需要考虑交易的方式，是酒店内交易还是线上交易，如果线上交易会涉及邮寄费用。

10. 如何才能做好分工和激励

> 应用场景：会员工作分工和激励时

做好责任分工和激励是保障酒店会员系统落地执行的关键环节，也是酒店会员系统能否有效运行最重要的影响因素。

由于每家酒店情况不同，部门设定有所差别，职责范围就会不同，激励的对象也会不同。所以，在分工和激励时需要考虑酒店的实际情况。

（1）关于分工

在酒店分工之后，需要酒店HR部门把会员工作分工内容添加到酒店各个部门职能中，同时落实到岗位职责中。在员工培训时，需要强调岗位责任和工作范围，让会员工作在组织管理中得到固化。

会员工作分工分为五部分，分别为会员构建内容分工、会员权益内容分工、会员实施内容分工、会员服务内容分工和会员营销内容分工。

分工示例详见表7-12。

表7-12 会员工作分工

分工内容		负责部门	负责部门（岗位）	阶段
会员构建内容	会员等级/晋级条件		会员项目小组负责	会员构建阶段
	会员权益内容设计			
	价格结构设计			
	积分商城设计			
	会员卡/储值设计			
	信息录入系统			
	系统试运行			
	分工/奖励内容设计			

续表

分工内容	负责部门	负责部门（岗位）	阶段
会员权益内容	会员折扣	前厅	
	赠送积分	自动	
	免费升级客房 免押金入住	前厅	
	延时退房	前厅	
	赠送水果	客房/前厅	
	餐饮/沐足打折 （不和其他优惠/特价活动同时使用）	餐饮/足浴	
会员实施内容	OTA客人转化	前厅	会员实施阶段
	散客转化	前厅	
	协议公司客户客人转化	前厅	
	售卡	全员	
	储值	全员	
	标签添加	前厅/客房/营销/餐饮	
	会员发展	全员	
	商品增减	营销	
	商品兑换（店内）	前厅	
	商品购买（邮寄）	前厅	
	会员价格调整	营销	
	账单/活动审核	财务	
会员服务内容	免费洗衣	前厅/客房	会员服务阶段
	会员入住期间过生日 赠送生日蛋糕	前厅/餐厅	
	免费送站（高铁/机场）	前厅/保安	
	赠送汗蒸体验	前厅/沐足	
	免费使用健身房	前厅/沐足	
	个性化服务（会员有需求）	前厅、客房、餐饮、营销	
	增值服务	前厅/客房/餐饮	
	个性化服务	前厅/客房/餐饮	
	特殊会员服务	前厅/客房/餐饮	

续表

分工内容		负责部门	负责部门（岗位）	阶段
会员营销内容	低频会员激活		营销	会员营销阶段
	流失会员拉回		营销	
	代金券活动/其他促销活动		营销	

（2）关于激励

①激励原则

明确目标、公平合理和及时激励原则。

②激励种类

物质激励、精神激励和成长激励。

③激励内容

激励内容通常有三类，举例说明如下：

第一，物质激励。

有效转化一名会员（产生订单），奖励3—5元。销售一张69元会员卡奖励10元；销售一张199元会员卡奖励50元。

每周、每月公布各项指标完成排行榜，按照排名现场发放固定的物质奖励，需要根据人数多少设定奖项金额，也可以根据人数递减排列。比如：第一名奖励200元，第二名奖励150元，以此类推，100元和50元等（酒店根据实际情况确定）。

飞镖拿奖：按照飞镖不同分值设定不同奖励金额，再根据飞镖结果兑现。

第二，精神激励。

从年度角度设定：表现突出者，按照全年排名依次可以进行奖励：可以设置年度会员转化精英奖、年度会员转化杰出奖、年度会员转化优秀奖等，也可以设置售卡和储值冠军奖、亚军奖和季军奖，人数根据酒店具体情况设定。

从月度角度设定：排名第一者，带薪休假一天，依次为半天，提前下班等。

第三，成长激励。

酒店为会员转化优秀的员工规划职业目标，明确职业发展机会与方向。

增加培训与学习的机会，奖励相关书籍等。

实践锻炼提升，安排负责具体事情，提升其责任心与意识，为酒店培养与储备人才。

④奖罚原则

对弄虚作假者，根据情节轻重处罚。

引起客人或会员投诉者，需要谈话或处罚。

酒店在具体分工和激励时，需要遵循"量体裁衣"的原则，不能人云亦云随波逐流，否则会在操作过程中"水土不服"。

11.会员转化时应该注意哪些事项

应用场景：酒店会员转化时

会员转化是酒店落地会员系统的关键步骤，会影响酒店会员系统最终效果的优劣。在会员转化时合理规避一些错误的做法，不仅会避免一定的经营风险，还有利于酒店会员的发展。

会员转化时应该注意的事项，需要从如下两个方面入手：

（1）**理解会员转化原则**

①意愿原则

理解意愿很重要。当客人有反感或产生抱怨时，酒店就不要强行劝说扫码加入会员，以免引起客人的不满甚至投诉。前台员工不要由于提成原因而忽略客人扫码加入会员的态度。

比如：客人午夜才到酒店，已经比较疲惫。虽然这样的客人是酒店转化的目标，但前台员工还是要尽快为客人办理入住手续，不要由于会员转化任务指标喋喋不休地推荐。

②灵活原则

酒店在会员转化时要掌握灵活原则。比如：客人酒醉时就不要介绍酒店会员，以免造成没有必要的麻烦。

③价值原则

转化客人一定要有价值，需要明确什么样的客人是有价值的，以免浪费酒店的资源。笔者认为，可以复购的客人是有价值的。

（2）会员转化注意事项

①禁止切客

切客，是指已经在OTA上下单或者支付，当客人到酒店前台时，前台员工劝说客人取消订单，客人扫描注册会员后再从会员系统中订房。这样的行为一旦被OTA知道，酒店不仅要补交OTA渠道佣金，还要受处罚。切客在携程上也叫逃单，其本质是一样的。

②避免投诉

很多客人从OTA上预订下单也有可能是OTA的会员，如携程的优享会和美团的优美会。如果强行劝说让OTA客人扫码加入会员，有可能带来不必要的投诉。如果线下客人意愿不强，也不要强行让客人扫码，容易引起客人的不满或投诉。

③明确价值

坚持会员转化价值原则。不要由于个人的因素而忽略有价值的客人转化，如果缺失明确的价值极有可能会影响最终会员的质量。

比如：酒店根据不同渠道客人的占比及平均出租率，制定会员转化目标，无论目标是500人还是1000人，都会驱动会员转化的执行。如果会员没有价值或者没有复购的可能，转化为会员也不会产生复购，虽然完成了既定目标，但是价值不大。

⑤坚持转化

由于以客房为主的酒店，客人消费相对是较低频的，所以酒店会员要想有更好的贡献，一定要不断地持续转化会员，因为每天酒店都有新的流量，并且这些流量都是比较精准的。

12.会员转化策略和方法有哪些

应用场景：酒店会员转化时

酒店会员管理系统构建完成后，是否能够帮助酒店提升市场竞争能力，其核心是会员的质量与数量。所以，有效转化会员是重中之重，是提高出租率必要的方法，也是酒店营销战略层面的有效举措。

酒店在会员转化时有如下策略和方法：

（1）OTA客人转化策略与方法

①OTA客人转化策略

OTA客人转化分为三种情况：

- 通过OTA预订的客人。
- 通过OTA预订已经入住的客人，并产生续住。
- 通过OTA预订，即将离店的客人。

②OTA客人转化方法

第一，通过OTA下单的客人。

已经通过OTA下单的客人不要转化，以免OTA认定酒店切客。

第二，通过OTA预订已经入住的客人。

这类客人如果有续住情况，酒店可以在客人续住时转化；但是一定要嘱咐好OTA电话回访，客人需告知已经离店，否则可能会被OTA认定为切客。

第三，通过OTA预订，即将离店的客人。

退房时对所有没有转化的OTA客人（商务客人优先），需要现场转化，为下次通过会员系统预订做好铺垫。

③OTA转化注意事项

- 已经通过OTA下单且预付的客人。
- 已经通过OTA下单且担保的客人。
- 已经通过团购支付房费的客人。

以上三种情况不要转化，可以按照上述节点有节奏地转化。

④OTA转化话术

简单把客人分为三个类型，分别是优惠心理、优越感心理和即时满足心理的客人，这样便于酒店前台员工操作。

第一，优惠心理采用话术。

例如：加入我们会员，可以享受相应的价格折扣，同时您的朋友也可以通过您的会员进行预订，还可以获得积分赠送，兑换丰富的商品。加入我们的会员，保证在价格上同等最低，还有很多优惠！

第二，优越感心理采用话术。

例如：加入我们会员，会享受到我们特殊服务，包括延时退房、免费提供会员早餐、优先房间升级、会员楼层入住和商品折扣等。

第三，即时满足心理采用话术。

例如：加入我们会员，只需关注一下我们的微信号/小程序，扫码注册，您就可以马上享受两天（根据入住天数）的免费早餐，并且还有小礼品赠送。

（2）散客转化方法

①散客转化有以下几种情况

需要前台注意电话咨询的客人，不要告知酒店会员的价格。

步入散客问询OTA订房的客人。

在前台明确表示要通过OTA订房的客人。

在前台直接订房的客人。

②散客转化方法

前台办理住宿时转化。

很晚到店无心逗留，提醒次日方便时再注册。

③散客转化注意事项

按照会员转化原则执行。

对醉酒、异常的客人尽量小心转化或者不要转化。

④转化相应话术

运用客人优惠心理、优越感心理、即时满足心理，参照OTA对应话术执行即可。

（3）协议公司客户现付客人转化

由于协议公司客户的现付客人一般与协议公司都是"松散型"关系，这部分客人可以转化为酒店会员。如果协议公司客户流失，而酒店性价比较高，一般情况下这部分客人还会继续预订。具体转化策略和方法可以参照OTA执行。

（4）团队客人转化策略与方法

由于团队客人成为回头客重复消费的概率较低，所以不是转化的重点。但不排除个别客人有重复消费的可能性。只要满足上述"会员转化原则"都可以转化，在转化时参照以上策略、方法、注意事项与话术即可。

13.如何添加和应用酒店会员标签

> 应用场景：酒店添加和应用会员标签时

客人个性化需求越来越多，酒店可以通过添加标签的形式，深入了解酒店客人的真实需求，不仅能够帮助酒店提升服务质量，还可以降低一定的服务成本，提高客人的满意度。如果酒店通过会员系统的智能化，较好实现会员标签智能添加，对酒店实现会员精准服务和精准营销提供了必要的保障。

（1）如何添加标签

如果酒店会员系统比较智能或者有标签这个功能，酒店就可以通过会员系统添加标签；如果会员系统不支持，则需要在订单或会员信息备注中标记。以下几个时间节点是添加标签的有利时机：

①酒店前厅部门

酒店确认订单（入住确认），会员办理入住手续后，后台系统会提醒为会员添加标签。因为通过酒店前台和会员的交流，对会员有一定的了解，对其身份等信息有一定的判断。

确认会员需要离店时，当会员办理完离店手续后，后台系统会提醒为会员添加标签。因为通过离店手续办理与会员交流，前台员工可能会获取新的会员信息。

会员个人信息，可以添加会员标签。

在会员列表中，可以选择添加标签。

②酒店客房部门

当会员有需求时，客房部门可以根据会员的需要添加标签。

当楼层服务员打扫会员房间时，可以通过观察或者清理垃圾发现会员是否吸烟，曾经吃过的水果或者小食品、饮品等，根据消费痕迹添加标签。

③酒店营销部门

对于老会员和常住会员很多营销人员都比较了解，其消费特征、喜欢的楼层和房型营销人员也会有一定的了解,这些信息按照分类可以添加标签。

如果酒店为会员准备了免费水果,并想了解更多的会员信息,可以采取表7-13的方法,这个表格前厅部门、客房部门和营销部门都可以使用,通过会员选择的结果添加标签。

表7-13　客人喜好标签

序号	喜好/习惯（单选）			
1	您喜欢什么水果			
	苹果（　）	橘子（　）	香蕉（　）	其他（　）
2	您用早餐的时间			
	6点以前（　）	6点至7点（　）	7点至9点（　）	其他（　）
3	您出差的性质			
	商务（　）	旅游（　）	探亲访友（　）	其他（　）
4	您出差的频次			
	1次以上/月（　）	1—2次/季度（　）	偶尔（　）	其他（　）
5	您一般住宿的天数			
	1天（　）	2—3天（　）	3天以上（　）	其他（　）

（2）会员标签应用

主要是会员住店期间,酒店可以根据标签做个性化服务。同时,营销人员通过会员标签可以做更加精准的营销动作和促销活动。比如:营销人员可以通过标签及时对流失和低频消费的会员进行拉回或唤醒动作。

会员预订支付后（会员系统列表中有标签）,在前台办理入住手续时标签自动弹出（酒店会员系统的功能）,会员系统后台会自动弹出这个会员的标签列表,便于酒店做精准的个性化服务。比如:会员吸烟,酒店就可以提供火柴、火机和烟嘴;如果会员喜欢安静,前台安排房间时就不要安排临近电梯和临街的客房,可以为会员安排比较安静的房间;如果客人喜欢喝茶,酒店可以提供更多的瓶装水等。

如果酒店会员系统不支持标签功能的实现，则需要酒店前台在办理完会员入住手续后查看PMS备注信息，通过备注信息的查看（前提是已经标记客人的喜好），也可以实现会员精准的服务。

14. 会员发展方法有哪些

> 应用场景：酒店会员发展

酒店内部会员转化是会员发展的核心方法，除此之外还有如下五种常用方法：

第一、会员卡和储值卡

售卖会员卡也是发展会员的方法之一，通常购买会员卡的会员都不会只消费一次。酒店通过储值卡也可以发展会员，酒店在储值活动时，可以设计"裂变"的内容，通过储值裂变发展更多的会员。

比如：正常5000元储值赠送600元消费额度，如果再多送600元额度一般酒店不会这样做，因为成本太高。如果酒店把多赠送的600元额度，规定会员本身不能消费，让储值会员赠送给10个人60元的代金券。如果这10个人到酒店消费，再把他们发展为酒店的会员。通常，这样的做法在餐饮储值时是比较有效的。

第二、全员拉新

全员拉新是较为普遍的做法。以客房为主的酒店，用这种方法一般效果都不够理想。因为客房产品通常都是外埠客人消费的，酒店员工的朋友圈大多是本地的亲朋好友，入住酒店客房寥寥无几。酒店要想做好全员拉新，需要客房和餐饮区别设计，还要制定相关的奖励内容。这种方法餐饮会有一定的效果，主要看酒店员工朋友圈的基数及朋友圈的紧密程度，最后核心影响因素是酒店产品的性价比。

第三、会员分享

会员分享换一种说法就是"老带新"。"老带新"的基础是信任，尤其是老会员在酒店消费过对酒店比较了解，如果对酒店比较信任，老带新会有一定的效果。同时，需要配套奖励政策，酒店员工或会员系统要有提醒或引导功能，目前这种做法效果不太理想。

第四、有效链接

有三种链接的方式可供参考：

一是微信公众号推文链接。酒店可以采取发红包或发代金券的方式让客人注册会员，或者采取其他的激励方法。

二是新媒体平台曝光链接，今日头条、抖音和小红书等是不错的选择。

三是与资源型企业双方会员打通发展会员。比如：与当地银行金卡会员打通。

第五、异业联盟

比较传统的异业联盟的做法是互惠互利、互相推广。

在此基础上，酒店可以和相关异业会员继续互惠互利，只要是异业会员在酒店消费，都可以享受到会员的优惠，这样才有机会发展更多的会员。同时，酒店可以把这样的信息在线上推广，以此吸引更多的人注册会员。比如：很多娱乐性场所、服务型企业和餐饮酒楼等。

15.如何才能做好会员营销

> 应用场景：酒店会员营销时

由于酒店会员兴起时间比较短，所以酒店会员营销也是一个比较新的课题。酒店要想做好会员营销以下四个方面的内容可供参考：

（1）明确会员营销目的

会员复购率提升是会员营销的目的。此种提法仅限于本书对酒店会员营销的理解，并不代表酒店行业对会员营销的定义。

（2）理解会员营销的条件

由于会员营销的目的是提升会员复购率，所以会员营销需要从提升会员复购率出发，有两个条件：

①准确判断低频会员

对快速消费品而言，酒店客房是较低频的消费产品，这只是一个相对的概念。

对于以客房为主的酒店，一般一个月或者两个月产生消费的会员都是频次较高的会员，超过三个月或者更长时间没有消费的会员才是较低频的。

②准确判断流失会员

按照正常的平均消费频次计算，如果超过一定时间周期没有在酒店消费的会员，暂且看作流失会员。这样判断不会非常准确，但至少说明这部分会员有流失的可能。如果拉长时间周期判断这部分会员是否流失会更准确。无论是客观因素还是主观因素，酒店以此来判断会员是否流失有利于会员营销工作的开展。

（3）确定会员营销对象

会员营销对象主要是注册会员、低频会员和流失会员。

图7-4 会员营销对象

本书把会员分为注册会员、新会员、回头客、核心会员、次核心会员、打盹会员、睡眠会员、僵尸会员和其他会员。其中，注册会员、新会员、打盹会员、睡眠会员和僵尸会员是会员营销的对象。

（4）会员营销方法

①常用的会员营销方法

不同的类型酒店选择不同的会员营销方法，结合会员的消费标签酒店可以采取不同力度的营销策略。比如：20元代金券、50元代金券和100元代金券力度是不同的；赠送两倍积分、三倍积分；客房8折优惠、7.5折优惠。

针对不用的会员，常见的会员营销方法如表7-14所示。

表7-14 会员营销方法

方法＼对象	注册会员	低频会员	流失会员	其他会员
代金券				
倍数积分				
房价折扣				
赠送				
其他促销活动				

时间是实施营销方法一个非常重要的影响因素，如果会员流失时间较久，拉回或唤醒的难度就会增加。所以，判断会员流失就要及时做出营销动作，营销对象不同，时间也会有差异，具体时间差异见表7-15。

表7-15 时间差异

序号	营销对象	营销目标	时间要求
1	注册会员	激活预订	1个月之后
2	新会员	唤醒复购	2~3个月
3	打盹会员	拉回复购	2天之内
4	沉睡会员/僵尸会员	唤醒复购	2天之内

以上时间差异是根据不同会员类别及会员消费频次特征做出的分类，其目的是提升会员的复购率。

②营销实现路径

如果酒店会员系统功能可以支撑，可以按照如下路径实施会员营销动作：

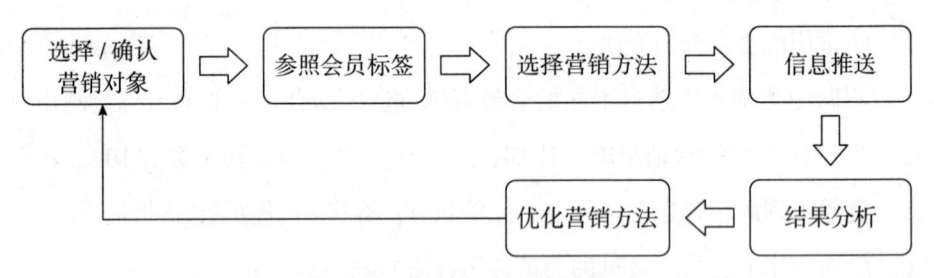

选择/确认营销对象 ⇒ 参照会员标签 ⇒ 选择营销方法 ⇒ 信息推送 ⇒ 结果分析 ⇒ 优化营销方法 ⇒ （返回选择/确认营销对象）

图7-5 会员营销路径示意图

比如：酒店发现有三个打盹会员，查看其标签为价格敏感一个会员，喜欢吃苹果两个会员。酒店可以采取代金券方法，发送给价格敏感的客人100元代金券，在×日之前均可以抵扣房价。针对另外两个会员酒店可以采取赠送的方法，只要在×日之前到酒店消费均可获得多少千克烟台栖霞红富士苹果。

第八章

如何提升酒店复购率

复购率既是营销的范畴,也是酒店经营能力的一项指标。

从营销维度理解复购率,既是出租率组成部分,也是实现营业收入的构成要素,用公式表示:

出租率=(新客人入住客房数+老客户入住客房数)÷酒店可供出售房间总数×100%

营业收入=流量×转化率×客单价×复购率

所以,复购率指标对酒店至关重要。

影响客人复购因素有很多,包括但不限于期望值、满意度、忠诚度、性价比、服务品质和促销方法等。

1. 如何理解酒店复购率

> 应用场景:酒店提升复购率

回答这个问题首先要明确什么是复购率?

从酒店维度看,复购率是客人在一定周期内重复消费的人数,或者重复消费次数与客人消费总人数之间的比例。

计算公式:复购率=(重复消费人数或重复消费次数÷消费总人数)×100%

在统计复购率时需要设定好时间周期,是季度、半年还是一年为统计周期。

理解复购率,需要站在客人消费路径关键节点看客人的体验和感知价值。

(1)第一步:预订

预订渠道上分为线上预订和线下预订。线上预订分为OTA预订、会员移动端预订、微信朋友圈预订和新媒体预订。线下预订分为酒店散客预订和协议公司客户预订等。

从复购率的角度分为老客户预订和新客人预订,老客户预订就是回头客即复购的客人。新客人预订是复购率提升的开始。如果是老客户预订则是复购率再一次提升的开始,两者的差别体现在提升复购率方法不同。

(2)第二步：前厅接待

在前厅接待步骤中,通过区别第一次客人和老客户有不同的操作方法,前厅部门通过提升客人满意度,降低客人期望值和做好口碑传播为客人复购打下基础。

(3)第三步：客人住宿期间活动

不同酒店的定位、规模、产品与服务,客人住店期间活动会有所不同,不仅涉及客人对服务和产品的体验和感受,还会直接影响客人的感知价值和满意度。如果满意度较低,复购概率就会降低；如果满意度较高,复购的概率就高。

有一类客人满意度较低但复购较高,虽然客人产生复购,但这里的复购是"虚假复购",并不是由于产品和服务很好,而是其他原因让客人产生复购。比如：酒店的位置非常方便、酒店附近没有竞争对手和关系单位安排的原因等。

通常客人通过亲身体验判断酒店性价比高与低,这也是影响客人复购的因素之一。

(4)第四步：客人离店

客人在离开酒店时,满意度和性价比两项指标会直接在客人心里产生结果。客人通过预订和住店期间的活动积累自己的感知价值,会预埋复购概率的大小,最后通过客人离店的最后体验,影响客人是否复购。

（5）第五步：客人维护及管理

大多数酒店在客人离开酒店后基本是没有维护和管理的。一是由于酒店无法触达到客人；二是酒店缺少客人管理的系统方法与工具。

在同等条件下，客人离店后酒店进行针对性的维护和必要的管理，则会有效地激发客人复购的可能。

酒店提升客人复购率是一项系统工作，不仅涉及酒店的产品、服务和价格，还涉及策略和方法。比如：提升客人满意度、客人期望值管理、客人口碑管理和复购率提升方法。

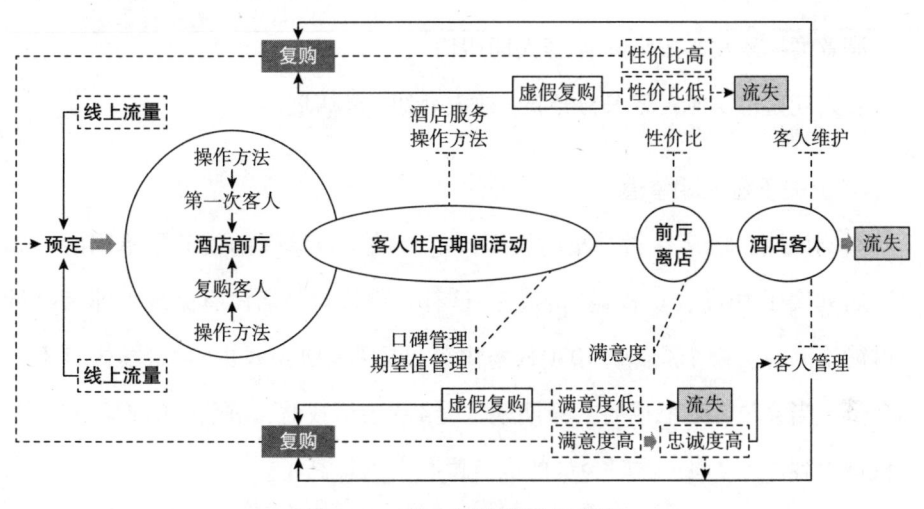

图8-1　客人消费路径示意图

2.如何通过客人满意度提升复购率

应用场景：酒店提升客人满意度

提升客人满意度是服务业孜孜不倦追求的目标。

酒店可以通过提升客人满意度，实现复购率的提升。所以，分析满意度组成的因素，再根据满意度组成的因素逐项优化是一个有效的方法。

酒店客人满意度模型

客人期望值 = 客人需求与经验 + 他人介绍 + 酒店展示

客人满意度模型 = 客人感知价值 ÷ 客人期望值

客人感知价值 = **客人付出的成本** <>= 客人获得的价值

图8-2 满意度模型示意图

从图8-2可以看出：

满意度=客人感知价值÷客人期望值

客人期望值=客人需求与经验+他人介绍+酒店展示

（1）关于客人期望值

举例说明：酒店在做会员时，不同等级的会员享受的权益是不同的。如果酒店列明了10项会员权益内容，一旦有一项权益酒店没有兑现，那么会员就可能不满意。换个思路，10项权益内容只标明4项，另外6项权益内容不告知会员，当会员入住酒店时，只期望享受4项会员权益，酒店临时把没有告知的权益内容加上2项，这时会员的满意度相对就提高了。

另外，客人期望值与客人的需求和经验有关。如果客人常常出差住酒店，对酒店就会比较熟悉，对酒店档次、规模和服务也会比较了解，一旦酒店服务做得不到位就会有所体会。同时，客人期望值高低与他人介绍有关，如果他人夸大其词，就会提升客人对酒店的期望。

酒店的展示也会影响客人期望值高低，如果在OTA上把酒店展示及描述得太完美，也会提升客人对酒店的期望。

所以，酒店营销与宣传不要过度承诺和夸张，以免把客人期望值抬得太高，酒店再想做期望值管理就非常困难，因为没有空间了。最后只有一个办法，投入更多的服务成本。

（2）关于客人感知价值

客人感知价值由两个因素组成：一是客人付出的成本；二是客人获得的价值。如果酒店减少客人付出成本，在获得价值不变的情况下，客人感知价值就会变大，当客人期望值不变时，客人的满意度就高。

酒店降低客人付出成本的方法有很多，如表8-1所示。

表8-1　降低客人付出成本方法

序号	降低成本内容	操作方法
1	货币成本	在不打破酒店价格结构条件下给予一定的优惠
2	时间成本	减少客人等待时间。比如：开具发票时间长短
3	体力成本	减少客人体力付出。比如：房价位置
4	精力成本	提供便捷的产品与服务。比如：电视遥控器
5	心理成本	保证酒店服务人员服务品质

比如：办理入住与离店的速度；客人不是爬楼梯而是座电梯；酒店的WIFI不需要客人问询，客人上网很方便，洗澡出水速度与温度都很合适。

客人付出的成本比较好理解，客人获得的价值比较宽泛，简单理解就是客人体验到的，包括产品价值、服务质量、人员态度、外在形象等。

虽然客人感知价值不好判断，但酒店还是可以找到影响客人感知价值的因素，可以从降低客人付出成本和客人获得价值入手。在酒店可以掌控的条件下合理降低客人付出的成本，让客人得到更大的利益。

一方面酒店需要不断减低客人的付出成本；另一方面酒店在价值实现方面让客人有更好的体验，尤其在酒店服务过程中，一定要有传递价值的意识。有时候，酒店不说客人是无法判断的，只有让客人更多地了解酒店提供的内涵价值，才有利于提升酒店的性价比，一旦达到这种状态，客人满意度就会升高，最后实现客人复购率的提升。

比如：酒店的咖啡机是知名品牌、酒店的床垫是专利产品、客房免费茶叶是有机的、早餐豆浆是东北大豆现磨的，如果酒店不说，很多客人就无法详细了解。

最终酒店要实现客人期望值较低，感知价值较高，满意度高，这样客人复购率就高。

3. 如何通过客人期望值管理提升复购率

> 应用场景：酒店客人期望值管理

从不同维度理解期望值是什么？

简单理解，期望值就是人们对事物或者目标估计可达成的概率。

期望值也可以用阈值解释，在百度百科中阈值又叫临界值，是指一个效应能够产生的最低值或最高值。

从酒店维度理解，客人期望值管理就是客人对某事物或者目标所估计达成概率的管理。总体来说，就是降低客人期望，提升客人现状水平，缩小两者之间差距，如图8-3所示。

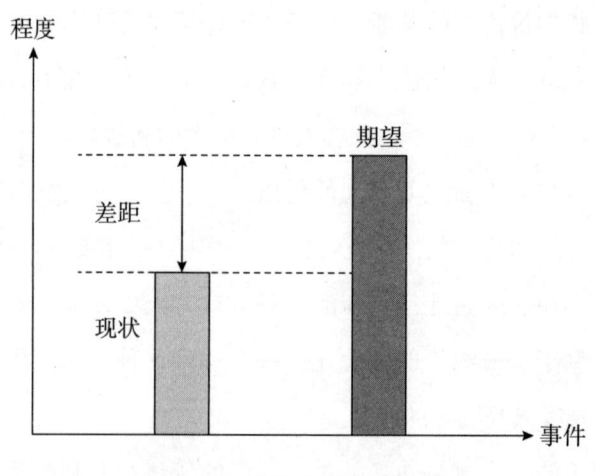

图8-3　现状和期望示意图

做好客人期望值管理需要遵循三个原则：刚刚好很重要、告知少实际多、先告知再补偿。

客人期望值管理的关键是从客人需求出发，深入了解各类客人的特点、消费心理和行为及核心诉求点，在此基础上进行客人期望值管理。比如：老年人、孕妇、带小孩的客人、商务客人和旅游客人需求与核心诉求点是不同的。

酒店可以根据如下三点做好客人期望值管理，提升客人复购率：

（1）合理设定客人期望值

应用"刚刚好很重要"和"告知少实际多"的原则。

酒店在服务时并不是给客人越多越好，也不是把酒店赞美得无与伦比就好，在酒店展示和传播时，过度地夸张和描述会提高客人对酒店的期望，一旦让客人达到阈值，当客人入住酒店后，现状很容易与期望值产生巨大的差距，结果客人满意度就会降低，复购的可能就会极低。

笔者曾在成都一家酒店看到会员权益有18项，这样会员会对酒店的服务有极高的要求，一旦酒店没有兑现18项权益，哪怕有一项没有兑现，客人也会感觉酒店在"忽悠"。

（2）合理降低客人期望值

影响客人期望值的因素包括：酒店广告宣传、口碑、客人价值观、客人背景、竞争酒店、OTA信息、客人年龄和经验等。每一种因素的变化都会导致客人期望值的变化。由于信息源的多样性，导致客人期望值的不确定性。

①适度传播

酒店需要从客人期望值的角度优化传播的图片和信息，不要把客人的期望抬得太高。

②店内告知

酒店可以在店内通过提前告知的方式，降低客人期望值。

比如：酒店附近有工地施工，会影响客人白天休息。在客人办理入住时，酒店前台接待员告知客人附近有工地施工会产生噪音，可能会影响客人休息，给其安排的房间是施工工地的另外一侧，相对噪音会小一些，如果噪音不是非常大，一般客人都会理解。这种情况也可以告知客人，房间赠送了耳塞，必要时客人可以使用。

（3）应用"先告知再补偿"原则

①先沟通

酒店需要及时与客人进行沟通，沟通时坦诚很重要，实事求是地告知客人酒店的现状和可能给其带来的不便。这样会减少客人的抱怨和投诉，再通过及时且适当的补偿，以此达到客人相对满意的结果。

②再补偿

如果问题比较严重，对客人体验造成比较大的负面影响，酒店可以适当地对客人进行补偿，以此安慰客人不满的情绪及避免在OTA上可能的差评。常用的补偿有赠送果盘、延时退房、房费打折、赠送代金券和赠送早餐等。

酒店做好客人期望值管理需要各个部门配合，把酒店展示和曝光的所有信息进行严格的审核，再按照以上三原则设计期望值管理的内容，通过合理地降低客人期望值，不断提升客人入住的体验感和满意度，最后实现客人复购率的提升。

4.如何通过促销提升客人的复购率

> 应用场景：酒店提升复购率

酒店可以通过促销活动提升复购率。关键需要酒店把促销目的想清楚，然后做好促销活动策划与实施，最后是执行和完善。

当把复购率提升作为促销目的后,活动策划和实施计划就会有的放矢,操作时可以参照如下四个原则:

第一,下一次原则。

无论做什么样的促销活动,都让客人有下一次消费的机会,驱动客人复购。

第二,压迫感+稀缺性。

压迫感和稀缺性会在心理上影响客人下单的速度,如果没有压迫感和稀缺性会让客人产生观望的心理。

第三,感觉便宜。

通过优惠的促销活动让客人感觉到便宜,至少在心理层面感觉酒店这次活动很划算,最终才有可能驱动客人产生购买行为。

第四,重复消费原则。

重复消费活动策划可以较好地拉动客人复购,需要酒店在活动创意和策划时植入这个原则,让客人在不知不觉中产生复购。

操作时酒店可以借鉴如下促销方法:

(1)代金券

代金券一般是在酒店前台发放的,很多客人在消费时忘带代金券的现象常常发生,这种现象不仅影响客人体验,还让代金券失去了价值。

比如:一家火锅店在发给客人代金券后,告知客人可以为其存放,下次消费方便使用,这样的处理方法在一定程度上提升了客人复购。也可以采取累计消费多少次,免费赠送一次这样的做法。

如果酒店可以使用电子代金券就方便很多,但酒店要想清楚无论用什么样的方法实现了代金券的发放,关键要让客人使用才会有价值。所以,当客人一直没有使用代金券时,可以提醒客人代金券的期限。

代金券在额度和时间上需要结合酒店的实际情况设定,需要充分考虑酒店的淡旺季和不同时间段市场流量的多少。

（2）储值卡

储值卡也是客人复购的一种形式。酒店可以从复购维度进行设计，促进更多客人续费，以实现复购率的提升。

（3）会员卡

会员卡可以采用子母卡的形式，母卡是需要购买的，子卡可以赠送。酒店需要注意母卡和子卡的福利大小，购买价格与酒店平均房价等因素。这样不仅可以起到复购的作用，还有利于酒店前台卖卡，驱动母卡客人带来新的消费。

（4）买+赠

酒店在做"买+赠"促销活动时，要让客人感受到物有所值，需要在赠的使用范围和福利上考虑清楚，不仅买的有价值，赠也要有价值。

比如：购买3间夜房券，日常平均房价为380元，3间夜房券价格共计为840元，一间夜优惠100元，再赠送3份单价58元的早餐券或者赠送一定额度的代金券，让客人下一次使用。

（5）打包售

酒店可以把客房、餐饮、娱乐等服务内容捆绑在一起销售。酒店在设计活动时遵循"下一次原则"和"重复消费原则"。

（6）抽奖

客人入住后可以参加酒店抽奖活动，在奖项内容中设置代金券、打折券和其他优惠券，提前在使用时间上设置下一次消费的时间周期。

酒店促销活动有很多，可以采取线上+线下模式，让促销活动更有效和便捷，实现客人复购的目的。

5.如何通过利益驱动提升客人复购率

应用场景：酒店提升复购率

从交易结构维度看，客人是酒店利益相关方之一。客人与酒店一旦产生交易，客人的利益维护就非常重要，其会影响客人满意度及复购。

客人利益分为物质层面和精神层面，马斯洛需求理论分为五个层面，依次为生理（食物和衣服）、安全（工作保障）、社交需要（友谊）、尊重和自我实现。

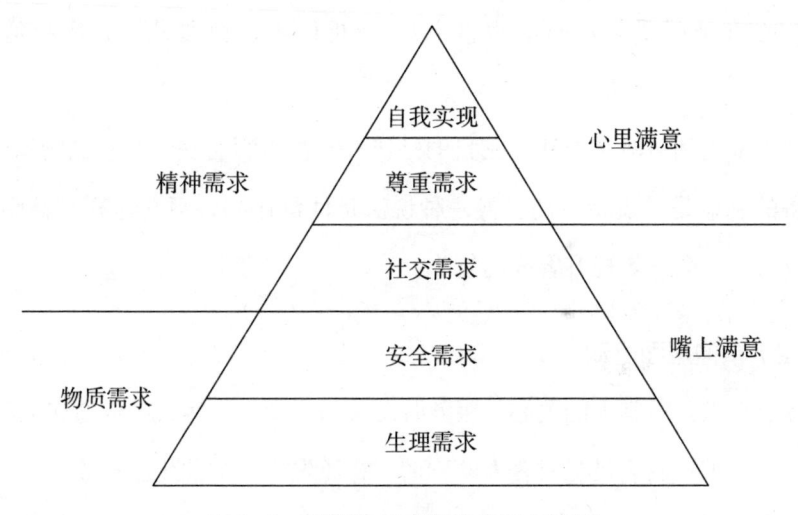

图8-4 马斯洛需求理论应用示意图

如图8-4所示，物质需要为安全和生理需求；精神需求为社交、尊重和自我实现需求。一般客人在嘴上满意的多为物质需求得到满足，心里满意更多是精神需求得到了满足。

面对客人的需求，通常酒店在物质层面做得较多，精神层面做得较少。酒店在用利益驱动客人提升复购率时，需要从物质和精神两方面入手：

（1）物质层面驱动

生理需求：酒店的餐饮、床品的舒适度、赠送饮品、赠送果盘和预订早餐等。

安全需求：酒店卫生是否干净、房门是否可以反锁、布草是否一客一换、杯具用品是否消毒等。

酒店想通过利益驱动提升客人复购，最容易实现的就是让客人得到更多的物质利益。

通常酒店可以采用赠送的方法，如冬季晚间赠送汤粥、提供免费夜宵、赠送小礼品和临别有礼等；可以采取借用的方法，如为女性提供名牌彩妆和为商旅客人提供笔记本电脑等；也可以采取优惠活动的方法，让客人实实在在地感受到价格的优惠，如8.5折优惠、免费升级客房和延时退房等。

酒店采用利益驱动方法，其目的是让客人在与酒店交易时感到物超所值，其获得的利益是"盈余"的，换一种说法是性价比高，只有这样利益驱动才会有效果，才会有效提升客人的复购。

（2）精神层面驱动

社交需求：对客人的关心、服务时友善的态度、与客人的沟通交流等。

尊重需求：酒店员工对客人的称谓、礼让先行、个性化服务等。

自我实现需求：与众不同的礼遇、专属的楼层、独享的早餐等。

社交是商旅客人内在的一种心理需求，也是酒店属性之一，所以当客人向酒店前台员工咨询时，是满足其心理需求的最好机会。尤其是当客人有其他朋友在场时，让客人感受到受尊重，让其体验到自己的地位和威信得到很好的呈现，有时比物质驱动更有效。

马斯洛认为，尊重需要得到满足，能使人对自己充满信心，对社会充满热情，体验到自己活着的价值。马斯洛认为为满足自我实现需要采取的途径是因人而异的。

酒店在具体操作时，可以采取有差异的个性化服务，细致安排楼层和房间；早餐时，对VIP客人采取单独服务等方法，从精神层面满足客人说不出口的需要，只要能够合理满足客人精神需要，提升客人复购的概率就会增加。

物质驱动比精神驱动会更容易一些。所以，酒店要想有效地提升客人复购率，需要在满足客人精神需要方面多研究、多总结、多实践。

6.新客人和老客户复购率提升方法有何不同

> 应用场景：酒店提升复购率

从营销流量、存量和增量的维度看，新客人即流量，老客户即存量。

酒店竞争的本质是对客人的争夺，这里既有新客人也包含老客户。酒店如何让新客人回头消费，让老客户继续消费，决定了酒店市场核心竞争力的强与弱。如果新客人没有复购，老客户不断流失，酒店经营会步履艰难。所以，酒店提升新老客户复购意义重大。

（1）提升新客户复购方法

①新客人的特征

第一次入住，对酒店人员、环境、设备设施和周边商圈不熟悉。

②新客人的诉求

安全卫生，睡个好觉，保证服务质量，出行方便和丰富的早餐等。

③重点因素：性价比

④具体操作方法

对第一次入住的新客人，可以从客人预订到离店后六个阶段入手，如表8-2所示。

表8-2　新客人复购率提升方法

预订	前台	客房	餐饮	退房	维护
短信、电话沟通确认	问好迅速办理入住手续 根据当天入住情况进行免费升级	客房接到信息开启空调在电梯处迎接	询问早餐特殊需要	提前问询是否需要开具发票迅速办理离店手续	离店后短信祝福
提醒当地天气等	主动告知早餐信息	主动询问是否需要其他帮助	主动告知餐厅情况	询问楼层服务员客房是否有遗留物	第二天代表酒店祝好并告知再次入住有优惠等
是否需要接机与接站服务	主动告知WIFI信息		根据需求提供针对性服务	询问是否需要帮助叫车	
到达之前再次确认和提醒	主动介绍周边商圈与景点情况			帮助提拿行李	
	主动指引				
	帮助提拿行李				
	选择性询问喜好水果				

为什么对第一次入住的客人需要如此操作？

因为只有第一次让客人体验好、满意度高，才有机会复购。

举一个例子：正月十五吃元宵，煮元宵时发现有的元宵煮破了，下次一般不会再购买这个品牌了，就算第二年这个厂家提升了产品质量，价格更优惠，也不会购买了。

所以，酒店对待新客人要特别用心，需要围绕性价比做一定幅度的优惠、赠送和针对性的服务，要让客人感受到入住这家酒店性价比真的很高，再次出差入住的概率才会大。

（2）提升老客户复购方法

①老客户特征

多次入住对酒店环境、设备设施、周边商圈和酒店员工比较熟悉等。

②老客户诉求

安全卫生，睡个好觉，能得到酒店更多的照顾和关心，被尊重，有一定的优惠和赠送，能够提供个性化服务等。

③重点因素：与众不同

④具体操作方法

排房方面：由于老客户对酒店比较熟悉，所以在安排房间时尽可能为老客户安排比较好的楼层和房间。

服务方面：根据老客户的喜好做针对性服务，让其产生被特殊照顾的感受。

优惠方面：在价格方面需要按照协议公司客户的价格，如果价格有所上调需要解释清楚，也可以免费升级房间，赠送小礼物或水果等，让老客户感受到一直享受优惠和关照。

便捷方面：为老客户提供免费洗衣服务，提供更加舒适的办公用椅，在酒店能力和资源范围内为其提供更多的便捷。

就餐方面：酒店可以有针对性地根据客人口味调整菜品做法，让老客户感受到"与众不同"。

在酒店提供服务过程中，总的原则要遵循"与众不同"，让老客户感受自己不但真的"与众不同"，而且被尊重的感觉一直存在，这样老客户才愿意复购。

7.不同渠道客人如何提升复购率

应用场景：酒店提升复购率

由于酒店营销渠道不同，客人在渠道上身份不同，所以酒店在服务中侧重点会有所差别。比如：酒店非常重视OTA客人的好评，协议公司客户的客人价格相对较低，酒店会员权益较丰富等。

从客人预订角度看，客人来源主要有五个方面：OTA渠道、协议公司客户渠道、会员渠道、抖音团购、微信群或朋友圈。

提升不同渠道客人复购率侧重点如下：

（1）OTA渠道

①客人特征

主流OTA包括：携程、美团、飞猪和去哪儿网等。在OTA上订酒店的客户一般喜欢上互联网，经常出差或者旅行，在乎出差或者旅行体验。由于OTA之间存在一定的差异，所以客人特征也不相同。携程更偏重中高端商旅人士或者成功人士，讲究服务品质和消费体验；美团更偏重本地化和年轻化人群，一般对价格比较敏感，所以在提升复购率方法上会有一定的差异。

②提升复购侧重点

携程：酒店要重视客人从入住到离店整体服务细节，根据客人入住的价格、客人性别、年龄、出行目的及是否是优享会会员等信息，提供差异化服务。同时，可以结合酒店促销活动预埋复购行为，也可以把有价值的客人转化为酒店的会员，便于促进客人复购。

美团：酒店可以推出更多的促销优惠活动，给予预订到店的客人优惠，对于商务客人酒店可以有针对性地进行会员转化，提供更多的会员权益，以此驱动客人复购。

总之，从OTA上预订的客人一般都具有移动互联网属性，在预订之前也是经过对比和甄选的。所以，酒店要想实现这部分客人回头消费，要不断优化产品，多做增值服务，尤其是客人体验一定要做好。

（2）协议公司客户渠道

①客人特征

多为商务人士，与酒店所在城市的企业有业务来往。一般有两种情况：一种是客人直接订房直接支付；另一种是协议公司订房人订房。

②提升复购侧重点

对直接订房现付结算的客人，酒店可以转化为会员，前提是会员的价格要略低于协议公司客户的价格，同时给其提供更加便捷的办公条件。

对订房人预订和结算的客人，如果双方关系比较融洽，可以安排比较好的房间，给予更多的照顾。对刚开发或者正在建立融洽关系的协议公司客户，要特别关照客人的体验，做好针对性服务，一旦客人离店要马上进行回访。

总之，协议公司客户的客人是酒店营销的基础，不仅要重视客人体验，还要与订房人搞好关系。

（3）会员渠道

①客人特征

大多数为商务客人，具备复购的条件，对酒店服务和商务办公有一定的要求。

②提升复购侧重点

做好会员期望值管理，在兑现会员权益基础上增加更多会员不知道的服务内容，根据酒店实际情况提供更多的增值服务，让会员持续满意，坚持"告知少实际多"的原则。

（4）抖音团购

①客人特征

沿海地区和一二线城市占比较大，女多男少，年轻群体，接受新鲜事物及追赶潮流速度比较快，本地化消费者居多。

②提升复购侧重点

由于年轻人本地化居多，酒店在兑现团购产品后，可以增加比较好玩或者刺激的活动，或者有仪式感的服务内容，物有所值后体验感超好。

（5）微信群或朋友圈

①客人特征

这里的微信群和朋友圈是指酒店专属为客人建立微信号里的微信群和朋友圈。客人特征多为商旅客人，具备复购条件，酒店可以一对一地进行沟通交流。

②提升复购侧重点

不要过多打扰这部分客人，为每一个客人做好标签，标注消费喜欢、时间频次、个人特征等。由于有明确的标签指引，会提升一对一沟通交流的效果，让客人感受到你很懂他，再为其提供更好的产品和服务预埋，或者打动其复购；也可以在微信群中做一些"下一次"消费活动，拉动复购。最后，在入住期间要体现酒店对这部分客人的重视，因为这部分客人比较在乎精神层面上的满足。

8. 如何通过"惯着客人"提升复购率

> 应用场景：酒店提升复购率

如何理解"惯着客人"？

举例说明：某酒店经营近8年时间，虽然进行过装修和维护，但产品已经老化，已经影响了客人的体验。这几年酒店所处商圈陆续开业了近10家档次不同、规模不同的酒店，尤其是附近开了一家与之档次和规模差不多的酒店，产品新价格还低，所以酒店有部分客人流失到新开业的酒店。

由于酒店曾经推出"惯着客人"的举措，沉淀了很多被"惯着"的客人。一部分客人被新开业酒店分流后，过一段时间曾经流失的客人陆续回头消费。

"惯着客人"是指酒店根据客人个性化的需求挖掘其潜在需求，为其量身定制服务，让客人满意的同时慢慢产生某种"依赖"，"依赖"感越强，流失的概率则越低。

酒店从如下四点入手实施"惯着客人"措施，以此提升客人复购率：

(1)"惯着客人"的目的

其目的只有一个：提升客人复购率。

(2)"惯着客人"的对象

并不是所有的客人都可以采取这种做法，一定要明确这样的客人是谁？只有明确对象，才可以做到有的放矢。

"惯着客人"的对象是：有复购的商务客人或者老客户。

(3)"惯着客人"的价值

较好地保障老客户不流失，或者减缓流失的速度。

减轻市场流量不足带给酒店营销引流的压力。

提升酒店市场的竞争力。

相对节省营销成本。

(4)"惯着客人"的做法

由于酒店情况不同，所以在操作上会有很大差异，以下面三个部门具体说明：

①客房部

在酒店中，由于客人在客房中消耗时间较多，所以在操作上客房服务最容易让客人产生好感及养成依赖。

常用的方法有：给客人叠放衣物、洗袜子、增加衣架、提供火机火柴、增加矿泉水、免费为客人洗衣烘干及熨烫等。只要客人有合理的需求或者洞察出客人潜在需求，客房服务员就可以为客人提供对应的服务。

②餐厅部

为商务人士提供自助免费夜宵，解决午夜饥饿的问题。

对于老客户，酒店菜牌上的菜可能都吃腻了，餐厅可以根据客人的口味一对一地烹饪菜肴。

为早起离开酒店的客人提供便携式早餐。

为身体欠佳的客人提供"病号餐"。

③前厅部

为客人安排超满意的楼层和房型。

把客人快递和外卖及时送到客人房间。

为客人打车和点外卖。

提前为客人开具发票。

总之，酒店各个部门要清楚复购是目的，"惯着客人"是目标。

酒店通过"惯着客人"开展合适的服务工作，及时奖励对"惯着客人"有贡献的员工，最终是让客人越来越依赖酒店的产品和服务，一旦客人流失，酒店也有信心让客人回头。

第九章

如何做好酒店客户管理

1.酒店客户管理内容有哪些

应用场景:酒店客户管理

酒店竞争的本质是客户的争夺,因为客户是酒店利润的来源。当下酒店客户管理比任何时候都重要,因为市场的流量满足不了酒店的需求。

酒店客户管理主要包含以下七点内容:

(1)客户信息管理

客户信息分为个人信息和企业信息。

①个人信息

表9-1 个人信息

基础信息	消费信息	其他信息
姓名、户籍、出生日期、性格特征、身份证号码、手机号、单位名称、职务和地址等	消费金额、消费频次、消费规模、消费档次、消费偏好、入住天数、常住房型和最近一次消费时间	个性情况、人际情况和教育情况等

②企业信息

表9-2 企业信息

基础信息	消费信息	订房人信息
企业名称、地址、电话、行业、创立时间、企业规模、企业性质和客户等级等	消费记录、消费额度、消费间夜数、账期情况和最近一次消费时间等	姓名、年龄、性别、电话、个性特征、兴趣爱好、生日等

(2)客户流量管理

酒店客户开发分为线上、线下和会员。

线上渠道:线上主要是指OTA及新媒体引流。

线下渠道：主要是指协议公司客户开发、会议市场开发和婚宴市场开发。

会员渠道：主要是指发展会员和转化会员。

（3）客户分级分类管理

根据酒店行业的特征及客户特点，可以按照分级、分类和分渠道进行管理。

①分级管理

比如：酒店会员级别的划分就是分级管理的一种形式。通常按照一定的标准可以把客户划分为核心客户、次核心客户、普通客户和小客户，也可以按照一级、二级和三级这种形式划分。根据80/20法则，核心客户和次核心客户占比约为20%，通常会贡献80%左右的价值。

②分类管理

根据客户出行的目的可以分为商务客人、旅游客人、探亲客人和会议客人等。这样分类有利于酒店进行客户分析，优化酒店的产品和服务。因为客人类别不同，对酒店的要求也会不同。

③分渠道管理

不同渠道的客人，背后管理的逻辑是不同的，所以根据客人来源渠道不同，酒店运营和管理的侧重点和方法是不同的。

比如：OTA客人的重点是评价管理，而协议公司客户的重点是性价比和订房人维护。

（4）客户沟通管理

①沟通方法

根据客人来源不同，在沟通方法上也会不同。

OTA客人通常可以线上沟通，通过问答和评价回复的形式沟通；协议公司客户的客人一般都在店内进行沟通或者与订房人进行沟通；酒店会员可以通过短信和微信的形式进行沟通，也可以通过电话或者在店内直接沟通。

②投诉处理

投诉处理主要有三种形式：

现场处理：这种形式由于可以直接倾听客人的吐槽，便于了解事情的真相，也便于安抚客人的情绪，相对容易处理。

线上处理：这种情况多为OTA的客人，需要及时给出高质量的回复，如遇到恶意差评可以向平台申诉。

电话沟通：对于一些重要的客人，由于服务或者产品给客人带来不舒适的体验，客人并没有投诉，酒店一旦发现需要及时进行补救，直接电话沟通是必要的。另外，对于OTA不符合实际的差评，酒店可以通过电话与客人进行解释和说明，争取得到客人的理解，或者让客人了解事情的真相。

（5）客户忠诚度管理

影响客人忠诚度的因素很多，包括但不限于产品因素、价格因素、服务因素、客人认知因素、信任因素和情感因素等。酒店可以从可控的因素入手，有针对性地优化和升级产品和服务，提升员工的服务理念和服务技巧，争取为客人提供尽善尽美的消费体验。

（6）客户流失管理

首先，要做好客户流失原因的分析，根据分析的结果进行优化和必要的整改；其次，通过电话或其他方式与客户沟通，以表达酒店对客户的重视，增强客户的好感，采取"补偿"等方法拉回客户，最后起到防微杜渐的作用。

（7）客户风险管理

①客户交易

客户交易主要是指婚宴和会议，不仅要在合作协议中明确支付条款，还需要营销人员具有风险管理意识。

②客户账期

客户账期主要是指挂账的协议公司客户，避免出现账期延期和呆坏账现象的出现，这也是考核营销人员的指标。

③大客户风险评估

举例说明：一家四星级综合型酒店，其中有一个大客户一年在酒店消费近200万元，酒店也有专人维护客情关系。由于客户搬迁，消费金额断崖式下滑，虽然关系还在，但是消费非常不方便，最后消费金额下滑至个位数。

上述大客户对酒店非常重要，一旦流失风险是巨大的。所以，酒店需要对大客户定期进行风险评估，及时调整营销的方向，降低酒店业绩下滑的风险，这也是酒店营销管理工作的范畴。

2. 如何做好OTA客户管理

> 应用场景：酒店OTA客户管理

酒店OTA占比越来越高，所以做好OTA客户管理越来越重要。酒店做好OTA客户管理有如下四个方面内容：

（1）沟通管理

①线上沟通

线上沟通主要是通过IM问答的形式，对客人提出的问题酒店要及时回答，有利于酒店的信息传播，也方便其他客人看到问题解答的内容，起到一定的曝光和引流作用。

②店内沟通

很多酒店都是由前厅负责OTA运营，所以前厅部门是OTA客人沟通的起点，尤其是客人办理入住时，前厅服务人员与客人的沟通会产生"第一印象"

的效应。同时，前厅服务人员需要主动细心地告知客人酒店的相关信息，如早餐信息、WIFI信息、公共设备设施信息和促销活动信息等。

对于就餐、购物和旅游客人的问询，酒店需要组织培训和学习，让OTA客人感受到酒店较好的服务品质。

其他二线部门的员工也需要掌握必要的服务礼仪，杜绝与客人争抢电梯，必要的问候和肢体语言沟通也不可忽视。

（2）住店服务

①了解需求

了解客人出行性质和掌握入住天数有利于酒店提供有针对性的服务，及时关注客人的体验和需求，减少打扰客人的次数。对新老客户进行区分，便于提供有差异化的服务。

②针对服务

根据客人的需求，酒店可以提供针对性的服务。在提供服务时，服务人员要有传递价值的意识，不方便沟通时，可以通过温馨提示卡和留言卡表达对客人的关怀。

服务过程中要做好标准化服务，然后才是增值服务和针对性服务。

（3）评价管理

①好评

5.0分好评可以起到一定的"从众效应"。所以，需要酒店服务人员合理地引导客人进行图文并茂的评价。酒店可以通过奖励员工提供更好的服务，通过回馈礼物或者赠送优惠券等方法激励客人给酒店好评。

②差评

比较有经验的OTA客人在选择酒店时多数是看差评的，除非对预订酒店比较熟悉。所以，差评回复是OTA运营的一个重点工作。在回复差评时不仅要及时，还需要有质量的回复，可以采用"三明治法则"，以此降低差评给酒店带来的负面影响。

③口碑

口碑传播是隐形的曝光，很容易被酒店忽视。

高性价比和好的体验是口碑传播的基础。有些酒店对口碑传播不仅缺少认知，还缺少必要的操作方法。

酒店可以借鉴"峰终定律"的峰值和终值进行服务设计。比如：亚朵酒店的"临别有礼"是在客人终值时提供的服务。酒店可以根据客人的标签提供专属服务，也可以采取"惯着客人"的方法让客人满意。总之，酒店提供的产品和服务要让客人"铭记在心"，不一定会做出5.0分好评，但是传播的概率会大大增加。

（4）信息管理

①基础信息

记录商务客人信息不仅重要还很必要，因为客人的基础信息是酒店了解客人、挖掘客人需求、提供服务的基础。所以，酒店可以把客人基础信息在PMS或者CRM管理工具上进行记录。

②消费信息

客人消费信息包括很多内容，具体见下表：

表9-3 消费信息

类别 时间	姓名	出行目的	频次	金额	均价	房型/楼层	天数	渠道	最近一次消费日期
月									
季度									
半年									
年									

3.协议公司客户如何管理

> 应用场景：酒店管理协议公司客户

协议公司客户是商务型酒店的主要客源之一，客户的争夺非常激烈，常常会出现一家协议公司客户与几家酒店合作的现象。

由于多数协议公司客户都具有本地化属性特点，酒店又缺少系统的协议公司客户管理方法和工具，常常会由于订房人或营销人员变动造成协议公司客户流失的现象。所以，做好协议公司客户管理非常重要。

协议公司客户管理主要有如下六个方面内容：

（1）信息管理

①基础信息

表9-4　基础信息

协议号	企业名称	企业地址	企业简介	订房人信息						签订日期	信用额度	信用期限	重要等级	备注
				姓名/年龄	职务/性别	电话	姓名/年龄	职务/性别	电话					

②消费信息

第一，消费明细表（日、月、季度、年）。

表9-5　消费明细表

协议号	企业名称	姓名	日期		房型	房价	间夜数	合计	备注
			入住日期	离店日期					

第二，消费汇总表（日、月、季度、年——间夜数、消费排名）。

表9-6　消费汇总表

协议号	企业名称	间夜数	平均房价	餐费	其他费用	总消费金额	备注

第三，消费状态表（日、月、季度、年）。

表9-7　消费状态表

协议号	企业名称	有消费	无消费	有账期	无账期	备注

（2）合作协议（合同）管理

通常协议公司客户合作协议（合同）是一年一签。

酒店需要建立协议公司客户合作协议管理制度，不仅需要营销部门建档管理，还需要酒店的财务部门备案。根据协议签订的时间和协议公司客户的编号进行排序，也可以根据协议公司客户的数量建立台账，便于查询和续签协议。

（3）账期管理

由于有些酒店是可以挂账的，所以需要酒店对协议公司客户账期进行管理。如果酒店规模比较大，协议公司客户占比较高，账期管理就非常重要。

对有账期的客户可以双重管理，由财务部门和营销部门负责，对账期临近的协议公司客户两个部门都要关注，客户账期到了之后营销部门需要及时提醒订房人结算。如果没有工具支撑，可以用Excel表格按照时间进行排序或做相关链接，便于客户账期的查询。

（4）客情关系维护

客情关系维护分两个方面：

- 订房人关系维护。比较好的方法是用促销活动结合积分兑换来维护与订房人的关系，同时需要在节假日和重要日期拜访或邀约免费体验等。
- 主管领导关系维护。虽然订房人有一定的话语权，但是如果出现订房人岗位变化，酒店就会很被动。基于此，需要在客情关系维护时处理好订房人上级领导的关系。

（5）分级管理

酒店可以从消费金额、总间夜数、平均房价、消费频次和信誉综合进行级别划分。比如：按照消费金额分为关键大客户、大客户、普通客户和小客户；按照消费频次分为高频客户、较高频客户、中频客户和低频客户。

通过协议公司客户分级管理可以有效区分和评估哪些客户是优质客户，哪些客户流失风险较大。比如：消费频次低消费金额较大的客户流失对酒店影响是比较大的。

（6）客户流失管理

酒店可以通过两个维度判断客户流失的风险，分别是：时间和频次、间夜数和金额。一段时间周期对应协议公司客户的消费频次、间夜数和消费金额。如果在同等的时间周期内，频次、间夜数和金额波动较大，协议公司客户就可能存在流失风险。

比如：消费频次、消费间夜数及消费金额在同等时间降低了30%—50%，可以视为有流失的风险，波动超过50%则视为流失风险较大，这时需要酒店及时采取回访或者其他方法了解出现波动的原因。

比较简单的操作方法，酒店每个月分析同比和环比的客户消费数据，当酒店行业整体市场比较稳定时，如果协议公司客户消费数据产生较大异常，酒店营销人员需要及时跟进，如果存在流失可能，需要及时采取必要措施，降低协议公司客户流失给酒店造成的损失。

4. 如何看待和处理客户流失

> 应用场景：酒店面对客户流失

酒店提升业绩一方面要减少和减缓客户流失的速度；另一方面客户流失时要及时发现，分析客户流失的原因，采取拉回动作，根据客户流失原因采取针对性地产品和服务。

总的来说，从以下四个方面理解和处理客户流失。

（1）客户流失原因分析

①酒店原因

酒店的产品和服务存在瑕疵，造成客户体验欠佳，客户付出成本和感知价值差距较大，满意度降低是客户流失的一个原因。

酒店过度夸大酒店的产品和服务，提高了客户的期望值，造成客户心理落差较大，产生不满最后流失。

酒店价格调整，造成客户入住期间价格不一，酒店并没有很好地做出解释和必要的补偿，客户不满意，造成客户流失。

酒店营销人员离职造成客户流失。

②客户原因

客户消费能力提升或下降，酒店目前的产品和服务与需求不匹配，或者客户想改变环境体验其他酒店的产品和服务。

③客观原因

客户搬迁和客户职务变化也会产生客户流失。

（2）针对性整改优化

①传播展示

在传播和展示酒店时，不能过度夸大酒店的产品和服务，以免把客户期望值抬得太高。虽然可能达到引流的目的，但客户流失概率也会大大增加。所以，酒店需要合理传播信息和展示图文与视频。

②产品

根据客户流失原因分析，有针对性地整改和优化产品，尤其是客户直接体验的早餐、设备设施、家具、布草、床品和客房隔音等。

③服务

无论客户是什么原因流失，酒店必须把服务的SOP贯彻执行到位。再根据客户流失原因有针对性地进行改善。比如：早餐时间、退房时间、清扫客房SOP和处理客户投诉SOP等。

④价格和促销

价格是客户比较敏感的因素。在价格变动之前需要提前告知客户包括协议公司客户订房人，在不同渠道上也需要把促销活动时间和使用范围描述清楚，避免客户误解产生不满和抱怨。

（3）拉回流失客户方法

①协议公司客户

分析客户流失原因后，要及时回访订房人，了解和认证流失的真正原因。如果是酒店造成的客户流失，需要引起重视并及时给订房人合理的解释，必要时可以赠送订房人喜欢的礼品以缓和客情关系。如果是大客户，需要营销部门负责人或高管与营销人员一起回访，体现重视的同时有利于现场交流和沟通。

②OTA客户

OTA客户一般都是个人客户，如果是酒店产品或服务的原因需要及时给客户一定的补偿，让客户心理平衡，减少其心理付出成本。有时OTA客户流失，酒店是没有察觉的，酒店可以通过OTA订单量判断，再根据OTA的差评分析，一旦出现客户体验不好的信息或者抱怨，酒店需要及时进行解释和必要的补偿。

遵循的基本原则：预防为主，第一次把事情做对。

③会员客户

根据会员分类酒店，可以判断会员是否处于流失状态。根据会员评价或者吐槽，结合会员标签及最近一次入住信息有针对性地采取拉回策略，无论是打折还是倍数积分，无论是赠送还是优惠，只要能够拉回重新消费，在成本可控的情况下，酒店要及时做出反应。

④会议客户

根据客户流失原因分析，结合会议客户信息判断其重要性，提前预约拜访，根据现场客户反馈意见酒店进行整改，并给客户一个满意的及时反馈，必要时需要邀约客户到酒店会议现场体验整改效果，借此机会增进客情关系，达到拉回的目的。

（4）健全完善客户流失管理流程

客户流失管理流程共有四个步骤，分别是：判断与预防、具体分析、具体方法和结果评估，内容详见图9-1。

1.判断与预防	2.具体分析	3.具体方法	4.结果评估
客户流失整体判断结合渠道差异做好预防。	客户流失具体原因分析，包括客户重要性、客户性质、拉回策略和方法等。	根据流失客户原因分析，有针对性实施拉回策略和方法。	对拉回实施策略和方法结果进行评估并总结改进。

调整和改进客户流失管理相关方法

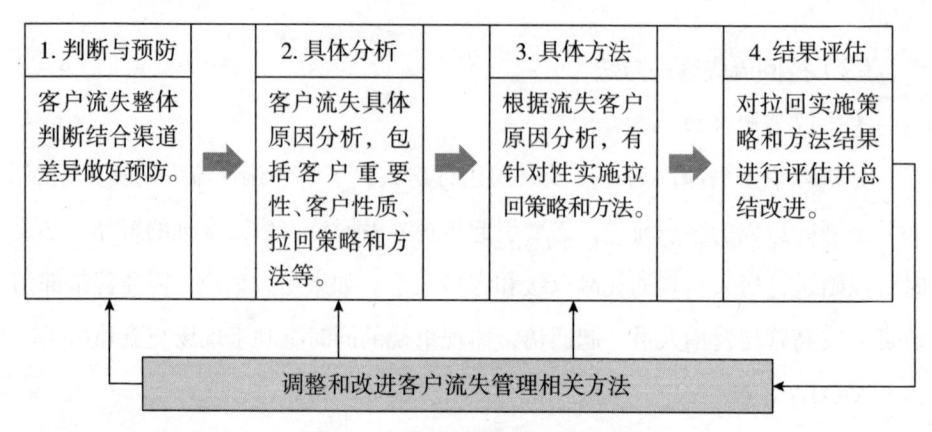

图9-1 客户流失管理流程示意图

5.如何做好客户忠诚管理

> 应用场景：酒店客户忠诚管理

客户忠诚是酒店不断追求的管理目标，是很多酒店忽略但很重要的工作。酒店不仅缺少对客户忠诚的充分认知，也缺少行之有效的提升客户忠诚的方法。

酒店如何做好客户忠诚管理，可以参考以下五点内容：

（1）如何理解客户忠诚

百度百科对客户忠诚度的定义：客户忠诚度，又称为客户黏度，是指客户对某一特定产品或服务产生了好感，形成了"依附性"偏好，进而重复购买的一种趋向。

客户忠诚是指客户对企业的产品或服务的依恋及爱慕的感情，它主要通过客户的情感忠诚、行为忠诚和意识忠诚表现出来。

（2）客户忠诚的价值

酒店忠诚的客户越多，说明市场竞争能力越强。

客户忠诚可以帮助酒店节省营销费用，保障酒店能够实现持续盈利，有利于酒店做好收益管理，降低酒店经营风险，获得良好的口碑效应。

（3）满意和忠诚的关系

客户满意是客户忠诚的必要条件而非充分条件。

①满意忠诚

当客户消费后各方面体验很好，感知价值高于付出成本及预期，则满意度高，忠诚度也高。

```
        满意
         │
  满意    │   满意
  不忠诚  │   忠诚
         │
─────────┼─────────
         │
  不满意  │   不满意
  不忠诚  │   忠诚
         │
         │              → 忠诚
```

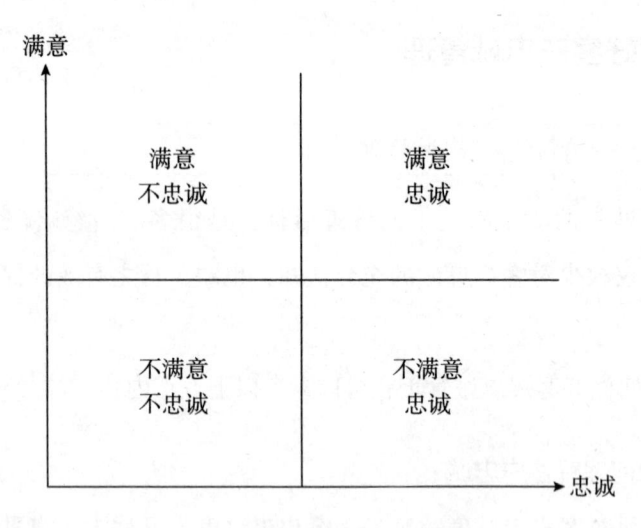

图9-2 满意和忠诚关系示意图

②满意不忠诚

有时并不是客户满意就会忠诚，因为客户需求多样化且个性化，虽然酒店产品和服务无可挑剔，入住体验也较好，如果下一次预订酒店客户有更好更多的选择且预订了其他酒店，那么客户的行为表现就是不忠诚。

客户消费能力提升或者下降，虽然对上次入住的酒店比较满意，也会出现"见异思迁"不忠诚的现象。

③不满意忠诚

当酒店处于独一无二的位置，并且附近没有同类型同档次的酒店可以选择，虽然入住体验不好也不满意，但没有其他选择时只能继续预订。表面看老客户较多，其实这样的客户并不忠诚，市场上一旦出现可以选择的酒店，他们很快就会流失。同样的道理，由于酒店优惠力度较大或者促销持续时间较长，客户虽然体验一般或者满意度较低，但由于有优惠，也会出现重复消费的客户，一旦活动结束或者优惠力度较小，这部分客户就会流失，这样的忠诚是一种虚假的忠诚。

④不满意不忠诚

不满意不忠诚比较好理解。一般投诉的客户或者差评的客户是不满意的，也是不忠诚的。还有部分客户虽然不满意，对酒店产品和服务无法容忍，不投诉也不表达出来，把结果放到心里下次绝不回头入住。

（4）衡量客户忠诚因素

①消费因素

表9-8 消费因素

重复消费次数	价格敏感程度	消费间夜数	消费连续性
一定时间消费次数多少	对价格是否敏感，敏感程度高，忠诚度就低	一定时间消费间夜数多少	是否按照消费习惯或者规律连续消费

②本质因素

表9-9 本质因素

客户满意度	客户生命周期
客户满意度高是忠诚的必要条件	客户持续消费时间有多久

③情感因素

表9-10 情感因素

信任度	包容度	有效推荐
客户对酒店信任程度高低	对酒店产品或服务瑕疵是否包容和理解	愿意主动介绍或者传播酒店产品和服务

（5）提升客户忠诚的方法

①酒店维度

第一，产品品质。

酒店产品品质是核心价值，因为客户体验的核心是产品。所以，提升和优化产品是酒店永恒的主题。

第二，服务水平。

酒店服务水平是增值，服务可以适当弥补产品的瑕疵，服务也是影响客户情绪、增强客户对酒店好感的有效手段之一。

第三，性价比。

性价比是一个综合性指标，其不仅能体现酒店市场竞争力强弱，还会严重影响客户是否忠诚。所以，酒店根据环境、产品、服务、市场、竞争对手和便利性等因素设计价格，最后让客户感知较高的性价比产品。比如：小米的产品性价比就非常高，如果酒店可以做到小米那样的性价比产品，客户一旦入住忠诚则是大概率的事情。

第四，奖励客户。

比如：客户积分兑换商品、赠送给忠诚客户礼品、赠送给忠诚客户免费体验券和忠诚客户特殊服务等都是奖励的方法。

酒店需要制定比较详细的奖励方案，根据客户消费数据的差异做有针对性的奖励。

②客户维度

第一，客户预期。

酒店需要适时降低客户预期，如果把客户预期抬得太高，会影响客户的满意度。

第二，客户需求。

每个客户都想与众不同，所以酒店需要根据客户的需求提供有差异化的服务。先做好标准化服务，然后才是期望服务和个性化服务。

第三，客户成本。

酒店需要从客户体验角度出发，合理减少和降低客户付出成本，这样有利于满意度提升。同时，让客户对酒店产生依赖或者形成习惯，这样客户退出成本较高，达到减缓或减少客户流失的目的。

③员工维度

第一，有效沟通。

酒店需要培训和训练员工与客户沟通的技巧，保持与客户有效的沟通，让客户感受到酒店的温暖和被尊重，以达到增进客户对酒店信任的目的。

第二，处理投诉。

酒店需要制定处理客户投诉的 SOP 及操作方案，提升处理客户投诉能力，减少由于客户投诉带给酒店的负面影响，有效维护好客情关系。

第三，培训与授权。

通过培训员工的服务理念和服务方法，以及合理的授权，提高员工对客户服务的反应速度，让客户感受到服务的及时性，以此提升客户的满意度。

第四，员工激励。

酒店需要出台客户服务激励机制，通过"奖优罚劣"，激发员工服务工作的积极性，实现酒店整体服务水平的提升，促进客户满意度提高。

第十章

酒店营销管理机制

机制按功能划分，有激励机制、制约机制和保障机制。

本章的营销机制是指营销激励机制，即通过合理满足营销人员需求，激发动机，引发行为改变，最终实现酒店营销的目的。营销机制既要符合酒店营销管理现状，又能满足营销人员实际的合理需求；既能有效激励营销人员工作的积极性，又要把握营销过程保障营销目标的实现。

1. 如何解决老营销干活少提成多的问题

> 应用场景：酒店调整营销薪酬、提成和分配制度

所谓老营销，是指在营销岗位工作多年的酒店营销人员。由于工作时间比较长，积累客户比较多，提成就比较多。所以，老营销慢慢就缺少了开发新客户的动力，随着时间的推移这种现象就演变成一个难以解决的问题。

酒店需要从如下三方面解决这个问题：

（1）现状分析

很多老酒店营销部门存在老营销干活少，可以拿到较多提成的现象。

主要有两个原因：一是客户长期的积累，虽然客户有流失，但是基数较大；二是离职的营销人员把客户都归属给老营销人员，这样不用开发新客户也可以保障自己比较可观的提成收入。

（2）影响与本质

①对酒店的影响

由于老营销缺少开发新客户的动力，会对酒店市场竞争能力带来比较负面的影响，同时也会影响新入职的营销人员。因为优质的客户资源已经在老

营销手里，酒店重新分配客户资源担心影响老营销人员的工作状态，结果造成新的营销人员很难"存活"，新客户开发停滞不前，客户维护也会出现不及时或者不到位的情况，给酒店带来客户流失的风险，也容易形成老营销"耍大牌"不听指挥的情况，增加了营销管理的难度。

②问题的本质

表面看是客户分配问题，本质是酒店营销机制设计的问题，具体说是营销人员薪酬结构不合理。

③解决方法

第一，从薪酬结构入手。

酒店需要重新设计薪酬制度，有针对性地调整营销部门薪酬结构内容，从原有的"底薪+提成"调整为"底薪+绩效考核+提成"。具体比例需要结合酒店所在城市营销岗位的平均收入水平以及经营目标进行设计。

第二，增加必要的考核内容。

根据酒店客户现状，增加绩效考核指标。

酒店的提成是结果指标，很多酒店营销岗位缺少过程指标。基于此，营销岗位的考核重点为"过程考核"。考核指标要围绕"过程"进行设计，具体内容结合酒店的客户现状，通常开发客户是重点。

第三，综合评定营销人员整体收入。

调整薪酬结构后，结合绩效考核指标预估平均完成率，评定营销岗位整体收入水平，通过评定测算如果低于市场平均水平，需要重新调整薪酬结构或绩效考核指标，以免造成营销岗位人员离职或不好招聘。

第四，打破现状重新分配客户。

酒店需要重新梳理全部客户，按照等级或者分类重新分配给营销人员，以此打破现有客户边界，激活老营销开发新客户的动力。如果重新分配客户很难执行，酒店可以在年底重新界定客户等级与分类，结合薪酬制度的调整和绩效考核指标的设定重新分配客户。

第五，调整岗位。

如果新的薪酬制度和绩效考核很难在营销部门执行，可以通过调整岗位的形式"和平"解决，这样从根本上解决了老营销干活少、提成多的问题。

酒店很多问题都是历史沉淀下来的，由于市场变化较快，原有的制度和规定可能无法适应新的形势需要。所以，需要从现状出发，用系统化的逻辑思维破解老问题。酒店老营销和提成的问题如此，其他问题也一样。

2.酒店营销部门绩效考核如何做

> 应用场景：酒店营销部门绩效考核

根据酒店经营目标及营销管理需要实施绩效考核，有利于推动酒店经营目标的实现。做好营销部门绩效考核主要有如下五点内容：

（1）明确绩效考核价值

绩效考核是酒店营销部门完成营销目标有效的手段。

营销部门通过绩效考核可以激发团队精神，提高营销管理效率，改善营销工作质量。同时，可以很好地把控营销过程节点，明确工作方向和重点，以此保障酒店经营的良性发展。

（2）厘清绩效考核依据

绩效考核主要依据有：营销目标、营销部门职能和岗位说明书、营销业务流程节点、酒店薪酬制度。

（3）确定绩效考核方式

采用岗位KPI指标考核，上级评价绩效考核。

（4）设计绩效考核指标

①工资构成与绩效工资计算

工资=基本工资（底薪）+考核工资+业绩提成

绩效考核工资实际发放金额=绩效考核工资额度×考核实际得分

②绩效考核指标

表10-1　绩效考核指标

协议公司客户指标	餐饮考核指标	会议考核指标	其他考核指标
有效拜访客户数量、签约客户数量、新客户拜访数量、协议客户消费金额、挂账回款完成率、客户流失数量、二次开发客户数量和客户增长数量等	上座率、客单价、客户消费金额、有效客户数量、有效拜访客户数量、挂账回款完成率和新开发客户数量等	会议场次数量、会议营业收入（会场、客房和餐饮）、会议客户数量和会议客户开发数量等	客户档案完整度、续约客户数量、客户回访数量、客户投诉数量和新客户数量占比

说明：营销提成更多是结果指标，绩效考核更多是过程指标，结果和过程指标结合更加合理。

③绩效考核指标计算标准

表10-2　绩效考核指标计算标准

考核指标	指标计算标准
完成数量	按照完成数量多少进行区间打分 比如：完成10家以下得0分，完成10家得80分，完成10—15家（含）得85分，完成15—0家（含）得90分，完成20—25家（含）得95分，完成25—30家（含）得100分，完成30家以上根据实际数据加分
完成次数	按照完成次数多少进行区间打分，超额完成根据数据加分
占比	按照完成占比多少进行区间打分或权重乘以实际完成占比打分
完成率	按照完成率多少进行区间打分或权重乘以实际完成率打分。比如：按照实际完成率乘以权重计算得分。权重30%，完成率是90%，最后得分为27分。超额完成根据数据加分

示例：营销经理考核指标。

表10-3 营销经理考核指标

指标类型	考核内容	考核指标	权重	考核指标计算说明	考核数据来源	考核人
财务指标	营业收入	营业收入完成率	10%	完成低于保底预算0分 完成保底预算得60% 完成平衡96%≤完成≤98%；BSC为85% 98%<完成≤120%，BSC=完成率×权重	财务部	总经理
	平均房价	平均房价完成率	10%	按照要求完成目标得满分，完成低于60%得0分；完成60%—80%（含）得50分，80%以上按照实际完成率乘以权重		
管理指标	协议签订数量	协议签订数量完成率	30%	按照要求完成目标得满分，完成60%以下得0分；完成60%—80%（含）得50分，80%以上按照实际完成率乘以权重	财务部	
	有效协议数量	有效协议数量完成率	40%	按照要求完成目标得满分，完成60%以下得0分；完成60%—80%（含）得50分，80%以上按照实际完成率乘以权重		
评价指标	上级评价	本部门工作执行	10%	由上级领导根据本月经营管理等工作实际完成情况及工作表现给予评价得分	总经理	

说明：管理指标中，协议签订数量和有效协议数量都是过程指标。

（5）应用绩效考核结果

①绩效面谈

根据绩效考核结果由酒店HR或营销部门负责人与被考核人进行绩效面谈，其目的是肯定成绩及时找出未完成原因，帮助被考核人认清差距及时调整工作状态。

②绩效改进

通过被考核人绩效结果分析，HR部门和营销部门负责人有针对性地帮助被考核人提升影响业绩达成的能力或者工作方法，以实现下一个考核周期完成指标的目的。

3.酒店营销部门提成如何设计

> 应用场景：酒店营销部门提成

提成设计是酒店营销部门最重要的工作之一，其不仅涉及营销人员的切身利益，还是驱动营销部门取得优秀业绩的"发动机"。

由于酒店规模和产品差异，城市规模与底薪等因素影响，提成比例没有一个固定标准，通常设计营销部门提成有如下五点内容：

（1）提成目的

为了更好地调动酒店营销部门的积极性和工作热情，合理公平地体现"多劳多得"的分配原则，促进酒店营销工作有序有效地顺利开展，完成酒店经营目标的实现。

（2）提成范围

①月度目标提成

按照营销部门分配的月度目标达成结果得到的提成。

②月度目标提成+年度目标提成

按照营销部门分配的目标，月度目标按照完成结果比例提成，年度目标按照完成结果比例提成。

③固定产品销售提成

酒店促销活动或者售卖产品活动，按照酒店规定完成任务提成。

（3）目标和标准

①客房

第一，月度目标：按照完成目标数不同可以设置不同的提成标准。

第二，提成标准：通常提成比例和标准如表10-4所示。

表10-4　通常提成比例和标准

业绩目标	提成标准
月度目标	1.第一种方法 完成目标低于80%（含）没有提成；完成80%—90%（含）提成80%，完成90%—100%（含），按照完成数据对应比例提成；完成100%—130%（含）按照完成比例提成，超过130%没有提成（或另外设定） 2.第二种方法 按照完成数据对应百分比提成
说明	1.设定提成需要考虑底薪：底薪高提成比例就低，反之就高 2.超过130%没有提成是考虑超过130%是因为目标设定不合理或者市场变化较大所致 3.通常提成比例为3%—5% 4.开业初期酒店需要另外考虑底薪和提成比例

建议提成比例和标准如表10-5所示。

表10-5　建议提成比例和标准

协议客户消费时间	1年之内（含）	1—3年（含）	3年以上
提成标准	5%	3%	1%

说明：
1.以上比例只是举例说明。
2.新开发协议客户有难度，所以提成比例高一些，维护客户相对容易，提成比例则低一些。
3.打破"坐享其成"的现状，激励员工走出去开发新客户。

②餐饮

月度目标如表10-6所示。

表10-6　月度目标

业绩目标	提成标准
月度目标	1.第一种方法 完成目标低于80%（含）没有提成；完成80%—90%（含）提成80%，完成90%—100%（含），按照完成数据对应比例提成；完成100%—130%（含）按照完成比例提成，超过130%没有提成（或另外设定） 2.第二种方法 按照完成数据对应百分比提成

续表

业绩目标	提成标准
说明	1.设定提成需要考虑底薪：底薪高提成比例就低，反之就高 2.超过130%没有提成，是考虑超过130%是因为目标设定不合理或市场变动较大所致 3.通常提成比例为3%—5% 4.开业初期酒店需要另外考虑底薪和提成比例 5.需要结合酒店实际情况而定

提成比例如表10-7所示。

表10-7　餐饮提成比例

协议客户消费时间	1年之内（含）	1—3年（含）	3年以上
提成标准	3%	2%	1%

说明：
1.以上的比例只是举例说明
2.打破"坐享其成"的现状，激励员工走出去开发新客户

⑥会议

表10-8　会议提成标准

业绩目标	提成标准
月度目标	1.第一种方法 完成目标低于80%（含）没有提成；完成80%—90%（含）提成80%，完成90%—100%（含），按照完成数据对应比例提成；完成100%—130%（含）按照完成比例提成，超过130%没有提成（或另外设定） 2.第二种方法 按照完成数据对应百分比提成
说明	1.设定提成需要考虑底薪的因素：底薪高提成比例就低，反之就高 2.通常提成比例为3%—5% 3.开业初期酒店需要另外考虑底薪和提成比例 4.需要结合酒店实际情况而定

④婚宴

表10-9　婚宴提成标准

业绩目标	提成标准
月度目标	1.第一种方法 完成目标低于80%（含）没有提成；完成80%—90%（含）提成80%，完成

续表

业绩目标	提成标准
	90%—100%（含），按照完成数据对应比例提成；完成100%—130%（含）按照完成比例提成，超过130%没有提成（或另外设定） 2.第二种方法 按照完成数据对应百分比提成
说明	1.设定提成需要考虑底薪的因素：底薪高提成比例就低，反之就高 2.通常提成比例为3%—5% 3.开业初期酒店需要另外考虑底薪和提成比例 4.需要结合酒店的实际情况而定

⑤年度目标

把整体收入分为"底薪+绩效+提成"，提成分为月度提成和年度提成，年度提升是按照年度完成的目标达成率计算。

比例分配详见表10-10。

表10-10 比例分配

提成比例	月度提成比例（占比）	年度提成比例（占比）
100%	70%	30%

（4）奖罚

对数据造假者，酒店会根据情节轻重进行处罚。

对部门负责人或主管上级进行问责或者经济处罚。

对超额完成目标者或者年度超额完成目标者，酒店根据情况进行超额奖励。